Albrecht Friederich

Ein paar Worte über die Publicität von Staatsurkunden

Albrecht Friederich

Ein paar Worte über die Publicität von Staatsurkunden

ISBN/EAN: 9783743623248

Hergestellt in Europa, USA, Kanada, Australien, Japan

Cover: Foto ©Suzi / pixelio.de

Weitere Bücher finden Sie auf **www.hansebooks.com**

Ein paar Worte

über die

Publicität

von

Staatsurkunden

vorzüglich als

Marginalien zu der Schrift:

die Lage von Mannheim

am

Ende des achtzehnten Jahrhunderts.

Regensburg und Wezlar,
1799.

Wie das Jahr 1798 in den Strom
der Zeit hinabrann, war vielleicht auch
das Büchlein über Mannheim und die
Pfalz, das beider Bild für das Bedürfniß der Gegenwart festhalten sollte, der
Vergessenheit übergeben. Der Verfasser
hätte sich ja dieser unwillkührlichen Am-
nestie recht voll bedienen können, hätte
die Ueberzeugung seiner guten Sache auch

A 2

nur einen Augenblick gewankt. Allein
wie fern dies von ihm sei, glaubte er
auf keine sprechendere Weise darthun zu
können, und zum Frommen der Unver-
lezlichkeit und Anerkennung einer vernünftigen Publicität auf keine andere
Weise darthun zu dürfen, als durch die
Erörterung der einschlagenden Grundsäze,
in dieser Schrift, die bereits am Ende
des Jänners d. J. zur Bekanntmachung
fertig lag. Nebenumstände, die das
Publikum nicht interessiren können, ver-
zögerten ihre Erscheinung um mehrere
Wochen. Da es aber hier durchaus nicht
auf Reize der Neuheit, sondern auf
Grundsäze und Schlüsse ankömmt, so
verschlägt das dem Interesse der Schrift,

,wenn sie anders welches sonst hat, nichts.

Hätte der Verfasser blos pro domo ge=
schrieben, so mögte jenes Ereigniß, was
seitdem das Fatum unerwartet herbei
führte, und welches auch die öffentli=
chen Angelegenheiten der Pfalz am Rheine
in einen verjüngten Kreißlauf, und die
schönsten Erwartungen sezte, ihm allen=
falls ein gemächliches Ruhepolster
untergeschoben haben: Allein ihm war
es minder um seine Person, als um die
Sache zu thun, die durch das falsche
Licht, in das man sie zu stellen hie und
da sich bemühte, gefährdet werden könnte.
Der Verfasser gewann ferner durch die
Zögerung noch, wo möglich, an ruhigem
Bewußtsein, durch den Beifall, der ihm

von manchem Edeln der deutschen Nation seitdem ward. — Mit solcher Kund-
schaft, mag nun die Schrift ausgehen:
Ihr Emblem sei — sine ira et studio.

Ut superfluum sit, hoc precibus postulare,
quod jam lege permissum est.

L. un. C. de Thes.

Daß eine Schrift, welche die Angelegenheiten
des Tages, folglich das Interesse, die Meinungen,
und Vorurtheile aller Partheien vor dem ehrwür=
digen Tribunal des großen Publikums zur Wür=
digung bringt, daß diese dem Laufe individuel=
ler Opinionen oft gerade in entgegen gesetzter
Richtung begegnen müsse — sie, die jedem fremd
und abhold, was sich nicht in der guten Sache
der Wahrheit vereint — daß eine solche Schrift
daher mißverstanden, mit Bitterkeit gedeutelt
und getadelt, und mit sehr inquisitorischen Au=
gen angesehen werde, darauf muß sich der Schrift=
steller schon gefaßt machen. Die Ahndung eines
solchen Lohns muß ihm schon im voraus aufge=
stiegen seyn, und wenn sie nun in Erfüllung
übergeht, so kann ihn dies nicht unerwartet tref=
fen, mit unwandelbarem Gleichmuth, den offnen

Blick nur auf die Sache gerichtet, hat er keine
Worte für seine Person, keine Waffen gekränkter
Eitelkeit oder des persönlichen Intei\sse, gegen
Angriffe gekränkter Eitelkeit oder des persönlichen
Interesse, sondern harret des Augenblicks, wo
sein etwa gestreutes Saamkorn des Guten keime,
und reife, und Frucht bringe für Freunde und
Feinde. Aber — aber, wenn die Willkühr des
lesenden Publikums die Gränze ihres Gerichts-
sprengels überschreiten, wenn sie das, was nur
vor das innere Forum gehört, die innern Be-
stimmungsgründe zu einer Handlung, vor das
Tribunal der äussern Rechtmäßigkeit ziehen will,
wenn sie den sittlichen Werth des Schriftstellers
angreift, indem sie über sein Werk das Anathema
der Gesetzwidrigkeit aufreizen mögte — dann
gebietet die Achtung für sich selbst und für das
ehrwürdige Recht der Publicität ein Wort pro
domo zu reden; minder jedoch für die eigne Angelegenheit, als für die wichtigere der Wahrheit
und des Gebrauches jenes Rechtes, damit nicht
das, was dazu dienen sollte, auf die zu sparsam
betretene Bahn einzuladen, vielmehr selbst ein

abschreckender Stein des Anstoßes vor derselben
würde. Mit wahrer Wehmuth mußte es den
Menschenbeobachter erfüllen, zu sehen, daß eine
ihrem Wesen nach so äußerst humane Erscheinung,
die ihr freilich entfremdeten Gemüther unter so
panischen Truggestalten schrecken konnte. — Den
Regen hatte man vergessen, aber über den Re-
genbogen wußte man sich nicht zu lassen —!
Könnte man doch leicht verleitet werden mit
Wieland zu rufen:

> Die Herren haben zu viel Licht,
> Sie seh'n vor lauter Wald die Bäume nicht!

Oder es geht ihnen, wie manchen Beisichtigen,
welche die bekanntesten Personen nicht erkennen,
sobald diese nicht mehr in dem bekannten Rock
stecken. — So viel erhellt wenigstens immer aus
der Aufnahme der Schrift (über die Lage Mannheims und der Pfalz am Ende des 18ten Jahrhunderts), daß jene Ungewohnheit des öffentlichen Auftretens, der Publicität für Staatswis-
senschaftliche Gegenstände, (die Seite 6 und 7
jener Schrift schon in Schutz genommen werden
sollte) ausser dem innern Nachtheil des eigenen

Brachliegens noch die viel bösartigere Natur ent-
wickelt, daß sie auch für den lebendigern Kultur-
trieb eines Drittern, alles Feld unurbar zu
machen droht, und nichts für recht, und nichts
für gut anerkennen will, was nicht der usus
modernus und das Leben nach der Väter Weise
in breiten Umlauf gebracht hat. Weil nun für
solche eingeschüchterte, mißtrauische Gemüther,
solche kurze, mit der Unterlage des offensten
Vertrauens gegebene Winke, wie sie die Nach-
schrift jener Blätter (S. 72.) in einem Vorge-
fühl der jetzigen Ereignisse zu geben strebte, nicht
beruhigend seyn können, und weil sie dem Ehr-
gefühl des Verfassers, nach eben diesen Ereignis-
sen, nicht hinreichend seyn dürfen: so sieht er sich
genöthigt, über die beiden Standpunkte der Miß-
billigung seiner Handlung, über ihr Verdienst in
rechtlicher und politischer Hinsicht einiges Licht zu
werfen. Beide Standpunkte sind ihrer Natur
nach so verschieden (nicht so leider! oft in der
Würdigung einer Handlung) da der eine sich aus
dem Gebiet allgemein verbindlicher Gesetze,
der andere aus dem gewisser Erfahrungs-

gründe erhebt, daß wir das Feld der Ver=
theidigung, für die Gesetze des Rechts, und die
Maximen der Klugheit, theilen wollen.

I.

Die Frage über das Rechtliche oder Wider=
rechtliche einer Handlung, wodurch der Zustand
der innern Verhältnisse eines Staates znr grösse=
ren Publicität gebracht wird, läßt sich sowohl
nach den Grundsätzen des natürlichen Gesell=
schaftsrechts überhaupt, als nach den Gesetzen
des allgemeinen Staatsrechts, und des deutschen
Staatsrechts insbesondere untersuchen. Diesen
mannichfach verästeten und hochwichtigen Gegen=
stand, der am Ende mit den Resultaten über
Schreib= und Redefreiheit sich verkettet, bis in
sein feinstes Detail, bis in seine letzten Gründe
zu verfolgen, würde eine Abtheilung des Staats=
rechts bearbeiten helfen. Auf solche Werke
braucht man jene nicht erst zu verweisen, welchen
es um Wahrheit, und nur allein um sie zu thun
ist: aber bedürfte es für diese eigentlicher Ver=
theidigung? und jene, die solche Resultate der
höheren Weltweisheit nur dem Namen nach ken=

nen, haffen fie auch schon den Namen nach.
Also nur wenige einzelne Sätze für den drei=
fachen Gesichtspunkt, zum Beweise, daß die
Handlung nur aus der vollsten Ueberzeugung
ihrer Rechtlichkeit hervorgegangen sey. —

Wenn man nach den einfachsten Beziehun=
gen, den Staat nur als mystische Person be=
trachtet, so kann er an die übrige vernünftige
Natur, in Rücksicht dessen was sie von ihm
denken und reden darf, keine andere Foderungen
geltend machen, als vermöge des Rechtes auf
Wahrhaftigkeit. Als Person gegen Person hat er
vermöge des Gesetzes der Wahrhaftigkeit, das Recht
zu fodern, daß nichts von ihm als geschehen ausge=
sagt werde, was nicht auf die vorausgehende größt=
mögliche Ueberzeugung der Wahrheit sich gründet,
und diesem korrespondirt die Pflicht des aussagen=
den nur Wahrheit auszusagen. Als Person
gegen Person aber hat auch jeder die Befugniß
alles das zu sagen, was wahr ist, und der, von
dem gesagt wird, kann sich nicht von der Ver=
bindlichkeit loszählen, die Ausübung dieser Be=
fugniß unangetastet zu lassen, so lange sie, wie

gesagt, sein Recht auf Wahrhaftigkeit nicht ver-
letzt. Nur ein ausdrücklicher Vertrag könnte
diese Verhältnisse aufheben, aber auch nur für
diese besondere Person, und für den unterliegenden
Gegenstand — und auch hier nicht, wenn damit
etwa unveräußerliche Urrechte und höhere unver-
letzliche Pflichten, der Bestimmung des Menschen
an sich, und in der Gesellschaft, im Widerspruche
stünden.

Die Thesis wird dadurch gar nicht modificirt,
wenn man auch einen befehlenden und gehorchenden Theil in der Gesellschaft unterstellt. Der
erste kann nie ein Recht beanspruchen, was
irgend eine Befugniß des Letzteren gerade zu zer-
nichtete; ja dieser könnte jenem nicht einmal
dergleichen einräumen, wenn er dadurch eines
wesentlichen Mittels zu Erfüllung seiner Bestimmung in der Gesellschaft (Vervollkommnung
seiner selbst, und seiner Gattung) zur Annäher-
ung zum letzten Zwecke der Menschheit (Vollkom-
menheit) sich beraubte. Das Recht Wahrheit
zu suchen, und die gefundene der Gesellschaft
mitzutheilen, ist ein solches Mittel. Betrifft es
nun gar den Zustand der Gesellschaft selbst, ist

es eine Gemeinsache, wo jeder als integrirender Theil im Grunde über seine eigene Angelegenheit spricht, und wo der befehlende Theil seine Vollmacht, wie seine Rechtfertigung, nur in der Gesamtmeinung des Gehorchenden findet, so wird jene Befugniß sogar zur Pflicht gegen sich und die Gesellschaft, sobald ein günstiges Zusammentreffen der Umstände, einem die Ausübung möglich macht. — —

Verwickelter wird freilich das Problem, in Beziehung auf Grundsäze des allgemeinen Staatsrechts. Zwar nicht in Rücksicht des aufgestellten allgemeinen Grundsatzes, daß jeder Mensch das Recht habe die Wahrheit (für den unterliegenden Fall, in der Erscheinung vollendete Thatsachen) zu sagen, ja daß jeder sogar die Resultate seiner Ueberzeugungen von den ihn umgebenden Dingen, der Gesellschaft durch ein beliebiges Medium mittheilen dürfe. Diese Sätze, als Grundsätze, müssen unter allen denkbaren Verhältnissen, Beziehungen und Rücksichten, unangetastet bleiben, *) wenn man

---

*) Ich bleibe denjenigen Herrn, die wohl gar der ganz unterthänigsten Meinung sind, man müsse

nicht jeden Damm des Gebietes des Rechts, gegen
die Willkühr der Maximen der bloſſen Klugheit,
niederreiſſen, und die Gränze ganz unkenntlich
machen will; wenn nicht die Verwirrung der Begriffe von Unrecht und Recht, das Letzte zur
wächſernen Naſe formen ſoll, welche jeder nach
Bequemlichkeit bald Links, bald Rechts dreht.
Auch nicht der aller größte Gewinn, unter was
immer für einem Verhältniß, macht es erlaubt,
auch nur das allergeringſte Recht des allergering-
ſten Menſchen zu verletzen, — hier nun gar, wo
für den Verluſt eines weſentlichen Spielraums
unſerer Geiſtesfreiheit, keine Lex Rhodia den
Erſatz bieten kann. — Alſo die Grundſätze, das
Recht bleiben dieſelben; nur der Fall, welcher
darunter ſubſumirt werden ſoll, kann wegen der ihm
anhängenden Nebenbegriffe, wegen Vorausſezun-
gen, die als Bedingung ſeiner Exiſtenz gelten,
die Merkmale etwas tiefer liegend machen, ob
er wirklich unter jenes Geſetz gehöre. —

---

die Grundſätze nach den Verhältniſſen modificiren,
die Antwort gerne ſchuldig. Ob es welche gebe?
Eheu! Exempla ſunt odioſa!

Dem Staate, als einer Vereinigung vernünftiger Wesen, die das möglichst vollkommene Mittel zu Ausbildung ihrer sinnlichen und sittlichen Natur in der Gesellschaft enthalten soll, gehört durchaus allezeit die höchste Achtung, in was immer für Berührungspunkte das Individuum, freywillig oder zufällig, mittel= oder unmittelbar, auch mit ihm gerathen mag. Folgerecht ist es, daß auch jeder Regierung, welche stets die Vermuthung der Rechtmäßigkeit ihrer Gewalt für sich hat, und das Recht sich im Besitz derselben durch jedes nicht unsittliche Mittel zu schützen, diese hohe Achtung, als Repräsentantin der Gesellschaft, gezollt werde.

Alle Rechte einer moralischen Person, und alle diesen correspondirende Verbindlichkeiten, kommen hier in eine noch strengere umfassendere Beziehung. Der Staat und seine Regierung dürfen also, ja müssen also, ihr Recht auf Wahrhaftigkeit, noch sorgfältiger, noch unverletzlicher handhaben, als irgend eine Person. Eine Verletzung dieses Rechtes in Ihnen, steigert die Schuld des Verletzenden, um die Summe der

in

in ihrer Repräsentation verletzten Individuen der
Gesellschaft. Vermöge der hohen Wichtigkeit
und Ehrwürdigkeit dieses Rechtes, in besonderer
Rücksicht auf das berechtigte Subjekt, ist kein
Mensch befugt vielweniger verbunden, über
Schritte der höchsten Staatsgewalt, über ihre
Handlungen, deren Motive, Zusammenhang und
Endzweck ihm noch nicht mit Klarheit vor Augen
liegen können, ein diktatorisches Urtheil über das,
was sie sind, und nicht sind, zu fällen: Es ist
Niemand befugt, Thathandlungen der höchsten
Gewalt, die durch ihre noch nicht vollendete Erscheinung, noch ausserhalb dem Kreise der Erfahrung, der Geschichte, liegen, als geschehen,
folglich als faktische Wahrheiten anzukündigen.
Der Staat mag und soll also Geheimnisse haben,
besonders in Rücksicht auf seine Verhältnisse mit
solchen, die nicht unter seine Gehorchenden gehö-
ren, ''wenn anderst die kleine Anzahl solcher
,,wahren Geheimnisse, dem Scharfsinne eines
,,benachbarten Ministers entgehen kann,'' wie
der Staatsminister von Herzberg sagte. Ob und
wie viel es solche Geheimnisse geben dürfe, in

Beziehung auf die inneren Verhältniffe, in wie
weit letztere das höchste unmittelbare Intereffe der
Unterthanen beeinfluffen, das hängt von der
befondern Staatsverfaffung ab. Ob es rathfam
fey, Mißtrauen zu zeigen, wo Zutrauen nur
Hilfe verfpricht, mag die Staatskunft beantwor-
ten. In jedem Falle führt es hier zu weit ab. —

Jedermann ift alfo verbunden, vermöge des
Anfpruches auf hohe Achtung, den die höchfte
Gewalt eines Staates machen darf, dem Gefetz
der Wahrhaftigkeit fo forgfältig, fo gewiffenhaft,
als ihm je möglich, zu huldigen, fo bald es die
Behauptung eines unter der Authorität diefer
höchften Gewalt begangenen Faktums betrifft,
und daher keine Handlung derfelben als gefchehen
anzunehmen, und über die Natur derfelben abzu-
fprechen, von deren Uebergang zur Vollendung in
der Erfcheinung, er nicht eine apodiktifche Gewiß-
heit erworben hat. Wenn nun alfo ein Staats-
bürger, oder Nichtbürger, zur Ueberzeugung
gelangt, daß die analyfirende Bekanntmachung
mit dem herrfchenden Verhältniß über eine allgemeine Staatsangelegenheit, daß die Darftellung

einer Reihe von Staatshandlungen, die bereits
dem Kreise der Gegenwart entrückt sind, und die
Entwicklung ihrer Wirksamkeit, auf künftige
Staatszwecke, sowohl dem regierenden als regier-
ten Theile, einen fruchtbaren Stoff, sey es für
Aufklärung, sey es für Zutrauen, liefern könne;
wenn jemand zu dieser Ueberzeugung gelangt,
(und dieses wird doch immer jedes eigenem Er-
messen heimgestellt bleiben müssen; denn wo
bliebe sonst das Recht die Wahrheit zu reden,
als wesentliche Bedingung der Vervollkommnung
unserer selbst, und unserer Gattung in Freyheit?
und wo die Mittel zu diesem Rechte?) welchen
Weg soll er einschlagen, um den hohen Foderungen der Sache, wie der Person, am sichersten
Genüge zu leisten? auf welchen Grund soll er sein
Werk aufführen? Antwort: Wo möglich auf
die unbestechlichsten Zeugen vergangener Ent-
schlüsse, die sprechendsten Denkmale geschehener
Handlungen, und das treueste Bild ihres Geistes
und Inhalts — auf die Staatsschriften und
Urkunden selbst. — Die Antwort ist so einfach
und natürlich, so klar und einleuchtend, daß sie

nur eine Natur, die das Leben und Weben im
Finstern gewöhnt ist, für schädlich blendend halten kann. Um seine hohe Achtung gegen das
aufgestellte Gesetz zu bethätigen, muß er sich
über das Daseyn der Thatsache, so wie er sie
darstellen will, die möglichste Ueberzeugung verschaffen; um dieß im vollkommensten Grade zu
vermögen, muß er die authentischen Quellen selbst
zur Basis nehmen. Wie könnte also das ein
Vergehen dünken, was die einzig solide Grundlage seines Verdienstes bilden kann? Wer den
Zweck will, muß die Mittel wollen. — Niemand
läugnet, daß die höchste Gewalt eines Staates,
jenen Personen, die sich ihrem Dienste widmen,
und vermöge dieser Eigenschaft Verbindlichkeiten
eingehen, auch die Verbindlichkeit auflegen könne,
keine, selbst nicht längst geschehene, Staatshandlungen, der Publicität zu überliefern, noch ihre
Meynung auf irgend eine Art darüber zu äussern.
So bald eine solche Verbindlichkeit ausdrücklich
bedungen und übernommen worden, oder schon in
der Natur des übertragenen Amtes unzweydeutig
enthalten ist, so wird dieselbe für den Dienenden,

wie seine übrigen versprochenen Leistungen, zum
Gesetz. Daß hier, wo von Beschränkung natür-
licher Befugnisse die Rede ist, nur eine restriktive
Interpretation statt finde, ist klar. Ganz jenseits
eines solchen Bannes steht aber der unbefangene,
und ungebundene Forscher, der keine andere Rücksicht kennt, als auf den Werth der guten Sache,
keinen andern Maaßstab, als die Aechtheit seiner
Heischesätze, und keine Verbindlichkeit, die nicht
aus dem Gesetze der Wahrhaftigkeit flöße. Ihm
sind Privatschriften, und Belege der Staatsverwaltung, Mittel zu einem Zwecke — Quellen
der Wahrheit, Grundsteine der Geschichte. (Oder
wann ist etwa der Terminus a quo, von dem
aus authentische Urkunden sich für die Publicität
der Geschichte beeigenschaften?) Wo der eine
Theil nicht kann, und der andere nicht will,
tritt er ins Mittel, und benützt das Vermögen
des einen, und die Empfänglichkeit des andern,
da wo es nach seinem Wissen zum Gemeinwohle
noth thut. Hat er die Wahrheit seines Zweckes
erkannt, und die Mittel zu dieser Erkenntniß
genützt, wie sie ihm Nachdenken und — gutes

Glück (nicht illegale Infamination *) in die
Hände gab, so schaut er rechts nicht, und links
nicht, sondern gerade auf den Weg zur guten
Sache.

Amicus Plato, amicus Ariſtoteles, ſed
magis amica Veritas.

Doch genug für dieſen Geſichtspunkt der
Frage, über das Rechtliche der den Staatshand=
lungen gegebenen Publicität, nach Grundſätzen

---

*) Dahin, zu dieſer Idee mögte man gern, ſo
ward es bemerkt, die Meinung der Machtha=
benden und des Publikums bearbeiten. Son=
derbar! zur Vermuthung des geſuchten und an=
geblich widerrechtlichen iſt man ſo ſehr viel
ſchneller geneigt, als des natürlichen und un=
verfänglichen. Oder geſtand man es ſich un=
willkürlich im Innern etwa, daß der ſo karg
beſoldete Staatsdiener, von dem von allen
Seiten an ihm nagenden Mangel, leicht zu
einer Handlung hätte hingedrängt werden mö=
gen, von der ihn auſſerdem auch ſelbſt vielleicht
eine Meinung Ihrer Widerrechtlichkeit entfernt
hätte? — Wie gerne hätte ſich der Verfaſſer,
in der Schilderung dieſes Standes S. 48. u. f.
ſeiner Schrift, eines Irrthums zeihen laſſen!
aber ſie gewinnt leider täglich mehr an lebendi=
ger Wahrheit, und ein frappanter Beleg iſt das

des Geſellſchaftsrechts und allgemeinen Staats=
rechts. Die Materie verdiente allerdings, wegen
ihres ungemein praktiſchen Intereſſe, und wegen
ihrer ſtets ſich mehrenden Berührungspunkte in
der literariſchen und politiſchen Welt, der revidi=
renden Unterſuchung eines kritiſchen Denkers, mit
ausgezeichnetem Augenmerk auf dieſe Publicität
im ſtaatswiſſenſchaftlichen Fache unterworfen zu
werden. Einer ſolchen Arbeit, durch die ſeiner
Schrift gefolgte allgemeine Regſamkeit der
Urtheile, in den intereſſirten Gegenden, einen
beſchleunigenden Anſtoß gegeben zu haben, würde
dem Verfaſſer die lebhafteſte Freude gewähren.

---

kurz geſchehene Ereigniß, daß ein überrheini=
ſcher pfälziſcher Beamteter, ſich als Gemeiner
unter die pfälziſchen Cheveauxlegers anwerben
ließ, um wenigſtens vor dem Verhungern ge-
ſchützt zu ſeyn.— Es läßt ſich beinah voraus ſa=
gen, daß wer für die oben aufgeſtellten Grund=
ſätze und Unterſcheidungen keinen Sinn hat, auch
durch die feierliche Betheurung, der Abweſen=
heit aller und jeder Theilnahme einer gemäß je=
nen Grundſätzen gravirten Perſon, der Nicht=
autorſchaft irgend eines Staatsdieners, in ſeinen
vorgefaßten Meinungen und Schritten ſich im
geringſten werde ſtören laſſen.

Genug also, und übergenug für manche Perſonen,
die wider alles, was nur das Gepräge von
Natur, Naturrecht und Allgemeinheit trägt, eine
ſo unbezwingliche Antipathie hegen, daß dieſe
Namen für ſie eine Art levis notae maculam
an ſich tragen. Für ſolche Liebhaber eine flachere
Schüſſel. *)

Alſo nun noch einige Schritte in das Gebiet
der willkührlichen (poſitiven) Geſetzgebung, die
für dießmal indeſſen, den allgemein giltigen
Vorſchriften der naturrechtlichen Geſetzgebung
völlig zuſagt. Die Grundſätze und ausdrücklichen
Geſetze des deutſchen Staatsrechtes, nehmen dem
unterliegenden Falle auch in Deutſchland alles
Poſitivwiderrechtliche. Alle jene angeblich pro-
fanirten Geheimniſſe der innern Staatsverwaltung
werden in balden doch der Publicität nicht ent-
zogen werden dürfen, wenn man ſich anders
nicht gegen unſere Reichsgeſetze und den ganzen
Geiſt unſerer Konſtitution, in Form und Weſen-
heit, einer ſchreyenden Unterlaſſungsſünde ſchuldig

---

*) Wird proteſtando gegen jede Reminiscenz aus
Schillers Almanach von 1797. S. 142. ſich ver-
wahrt.

machen wollte. Man werfe einen Blick auf die
in den Wachsthum der Landeshoheit und in die
ganze deutsche Territorialverfassung so tief ein-
wirkende Bildung des Territorial=Steuerwesens,
und die sie betreffende Reichsgesetzgebung.

Als der fromme und ehrgeizige Wahnsinn
der Kreuzzüge die Schatzkammern und Kammer-
güter der Fürsten und Herren schwindsüchtig
gemacht hatte, und, was noch aus dem Schiff-
bruche gerettet worden, an Pfaff und Lehnmann
verschenkt, verpfändet und verliehen war; als
ein gränzenloser Luxus sich an keinem Einkommen
der frugalern Vorzeit mehr begnügen wollte, als
Römermonate für Reichskammergericht und Türkenhilfe, und der Miethsoldat, und Religions-
zwiste, ganz neue Arten von Ausgaben kennen
lernen ließen, als endlich nichts mehr zu verpfänden
und zu borgen übrig war.*): da stellten dann

―――――

*) Es geschieht doch nichts neues unter der Sonne.
Die Türken waren damal dem Reiche; was die
Franzosen nachher wurden, und ferner seyn werden. Nur mit der Klerisei hat es die verschiedene
Bewandniß, daß man jetzt eben so gegen sie
zugreift, als sie einst gegen die Laien Welt
(dumme Welt) um sich griff.

Fürsten und Herren dem Kaiser und Reiche vor,
wie sie nicht länger vermögten, dergleichen kost=
spielige Reichserfordernisse aus ihren so sehr in
Verfall gerathenen Kammergütern zu entrichten.
Es ward daher die billige und zweckmäßige Ver=
ordnung gemacht, daß eines jeden Standes Unter=
thanen und Eingesessene zu solchen Reichsanlagen
beytragen sollten. So enthält schon der Reichs=
abschied von Speyer von 1542 §. 43 u. a.:
„Daß Fürsten und Stände mit ihren Unterthanen
„der Türkenhilfe halber, sich vertragen und
„vergleichen mögten." Der Reichsabschied von
1543 §. 24. machte es nun vollends den Unter=
thanen zur Pflicht, zu den Römermonaten zu
steuern. „Doch sollen die Obrigkeiten hierin
„nichts anders, dann von Rechts wegen, und
„wie sie es im ruhigen Gebrauch und Herkom=
„men haben, vornehmen, und insonderheit den
„armen gemeinen Mann, so viel möglich,
„vor andern nicht beschweren, sondern nach
„eines jeden Vermögen Gleichheit halten."
Spätere Reichsschlüsse bekräftigten diese Verbind=
lichkeit, vermehrten sie mit der zu Kreißsteuern,

und, vermöge des jüngsten Reichsabschiebs (von
1654) §. 14, der Wahlkapitulation Art. 15 §. 3,
und des Reichsschlusses von 1720, zur Unterhal-
tung des Reichskammergerichts.

Allein man muß bald inne geworden seyn,
daß die Vergünstigungen mißbraucht, daß unter
dem Vorwande Schleichwege versteckt wurden. *)
Die Herren und ihre Räthe mogten wohl so neben-
bey ihre eigenen Kaffen füllen, da doch dazu kein
Recht gegeben, sondern alle Steuern auffer zu
benannten Zwecken von den Unterthanen erbeten
werden mußten. Nur in diesen Voraussetzungen
läßt sich die Veranlassung finden, warum schon
der Reichsabschied von 1548 §. 102 verordnet,
„daß die Unterthanen nicht höher angelegt, noch
„beschwert werden sollten, denn als hoch sich
„eines jeden Standes Anschlag erstrecke.“
Gleiches sagt der Reichsabschied von 1576 §. 11. 12.
Und als auch dieß noch dem Umsichgreifen keinen
Einhalt that; denn nun sagte man den Unterthanen nicht, wie hoch sich die bewilligten Römer-

---

*) Etwa in dem Sinne, wie ein Reichsgraf neue-
rer Zeit, der einmal ein Bein brach, lange Jahre
eine Beinbruchsteuer entrichten ließ.

monate beliefen, (und wie leicht war dieß in
Zeiten, wo Lesen und Schreiben schon zum Ge=
lehrten machten, wenn in unsern leselustigen
Zeiten dennoch davon das Publikum nichts
liest!) da endlich ward das merkwürdige, bis
auf den heutigen Tag gemeingiltige Gesetz gege=
ben im Reichsabschied von 1555 §. ·82, "daß
„durch die Obrigkeiten den Unterthanen die
„bestimmte Maaß derselbigen Hülfe, zuvor=
„derist eigentlich und ausbrücklich kundbar und
„namhaft gemacht werde."

Mit der Abwälzung der Reichslasten auf den
Nacken der Unterthanen war indessen den Reichs=
ständen noch nicht geholfen. Es ersparte ihnen
zwar gewisse Ausgaben; allein es gewährte ihnen
darum nicht mehr Einnahmen, als zuvor. Alle
jene Bewegursachen, die sie zur Ertragung der
Reichssteuern unfähig machten, wirkten noch
viel dringender auf ihre eigenen Fürstlichen Be=
dürfnisse. Jene Erschöpfungen durch Kreuzzüge,
fromme Schenkungen, Hofluxus, und durch ewige
Fehden, äusserten schon ihre Wirkungen im 15ten
Jahrhundert. Die Fortdauer gleicher Ursachen,

und das Hinzukommen unaufhörlicher Religions-
händel, so wie die Einrichtung von Landes-
kollegien und besoldeten Aemtern aller Art, und
der Miethsoldat, verdoppelten die Verlegenheit
des Fürstlichen Fiscus im 16ten Jahrhundert.
Das 17te Jahrhundert blutete unter einem dreyßig-
jährigen Kriege, den französischen Einfällen und
stehenden Heeren: und pseudomachiavellistische
Grundsätze, und französisches. Beyspiel setzten
am Ende jenes, und in der ersten Hälfte dieses
Jahrhunderts der Kunst, recht viel Geld zu
brauchen, die Krone auf. Damals, als, wie der
gekrönte Philosoph von Sansouci sagt, jeder
Duodezfürst gern einen kleinen Ludwig XIV.
spielen wollte, sich sein Versailles baute, seine
Soldaten hielt, und ordentliche und ausserordentliche Gesandte in alle Welt schickte, damals fieng
ein gewisser Souverainitätsschwindel an, bey den
deutschen Höfen endemisch zu werden, und an
dem Reichskonstitutionsbande ward so mannichfach und so oft gezerrt und gerüttelt, daß seine
Loßheit noch bis auf den heutigen Tag davon
empfunden wird. Ohne Rechenschaft zu geben,

wollte man gern nach Belieben schalten und wal-
ten, Schulden waren auf Schulden gehäuft, und
doch stand damit der tief mit der Organisation
der Germanischen Nation, und dem Geiste der
Verfassung verwebte Grundsatz im Widerspruche,
daß Niemand ohne seinen guten Willen
besteuert werden könne. Man sah sich daher
gezwungen, zu bitten (Beeden) seine Zuflucht zu
nehmen, um von den Unterthanen, jedoch gegen
Reverse, daß sie hierzu keineswegs verbunden
seyen, eine Geldhilfe zu erhalten. Solche Reverse
finden sich schon vom Anfange des 15ten Jahrhunderts. In der Folge fand man jedoch diesen
Weg zu wenig ergiebig, und zu lästig. Der
Reichsabschied von 1542 §. 53 hatte blos zugelassen, ”daß es Kurfürsten, Fürsten und Ständen
”unbenommen seyn soll, anderer Sachen und
”vorfallenden Nothburften halber (als den
”Reichssteuern) sich mit ihren Unterthanen von
”wegen gebührender Anlag zu vergleichen,
”und zu belegen.” Allein solche Vergleiche
mogten bisweilen Schwierigkeiten haben, und
die Unterthanen nicht alles für Nothdurften

anſehen, was man gern dafür angeſehen wiſſen
wollte. Zwar hatte man ſchon wieder einen
anſehnlichen Schritt gewonnen, als der jüngſte
Reichsabſchied von 1654 §. 180 verordnete, "daß
„jedes Kurfürſten und Standes Landſaſſen und
„Unterthanen zu Beſatz= und Erhaltung der einem
„oder anderm Reichsſtande zugehörigen nöthi=
„gen Veſtungen, Plätze und Garniſonen ihrem
„Landesfürſten, Herrſchaften und Obern mit
„hilflichem Beytrage gehorſamlich an Hand zu
„gehen ſchuldig ſeyen;" als ferner ein Kaiſer=
liches Hofdekret vom 19ten Junius 1670 das
Reichsgutachten von 1667 beſtättigte, wornach
genehmigt wird, "daß ein jeder Kurfürſt und
„Stand des Reichs von ſeinen Unterthanen zu
„Reichs = Deputations = und Kreis = Konventen
„die nöthigen Legations = Koſten erheben möge."
Allein das war noch weit von dem Ziele entfernt,
worauf man aus allen Kräften loßſteuerte. Das
Princeps legibus ſolutus, ſollte in ſeiner kraſſe=
ſten Deutung durchgeſetzt werden; und dafür
mußte man ſich jeder Konſtitutionsfeſſel entledi=
gen. So kam denn jenes Himmelſchreyende

Reichsgutachten zu Stande vom 29ſten Oktober 1670, worin gefodert wird, "daß eines jeden "Kurfürſten und Standes Unterthanen nicht "allein zur Landesbefenſionsverfaſſung, ſondern "auch zur Handhabe und Erfüllung der gedach= "tem Inſtrumento Pacis (Weſtphalicae) nicht "zuwider laufende Bündniſſe, wie auch nicht "nur zu Erhalt= und Beſaßung der nöthigen, "ſondern *indefinite* der Veſtungen, Oerter und "Pläße, auch zu Verpflegung der Völker, und "anderer hierzu gehörigen Nothwendigkeiten ihren "Landesfürſten — die jedesmal erfodernde Mittel, "und folglich Alles, was an ſie, und "ſo oft es begehrt wird (!), gehor= "ſamlich und unweigerlich darzugeben ſchul= "dig ſeyn, und daß einige Klagen der "Unterthanen weder bey dem kaiſerl. Reichs= "hofrathe, noch Kammergerichte hierwider nicht "angenommen, und alle Prozeſſe und Man- "data, ſowohl wegen der vergangenen, als ge= "genwärtigen und künftigen Zeit, abgethan und "aufgehoben ſeyn, auch den Landſtänden, Land= "ſaſſen und Unterthanen einige Privilegia und

„Exemptiones, wie fie auch Namen haben,
„oder zu was Zeit felbige erlangt ſeyn mögten,
„nicht zu ſtatten kommen ſollen." Monſtrum
horrendum, ingens! (v. Corpus Juris public.
pag. 1077.) Dank ſey es den Gegenbemühun=
gen einiger Fürſten, und dem Kaiſer Leopold I,
daß ein ſolches Reichsgutachten nicht genehmiget
wurde. In der darauf erfolgten Kaiſerlichen
Reſolution vom 12ten Februar 1671 heißt es:
„Kaiſerl. Majeſtät könnten es zwar geſchehen
„laſſen, daß es nicht allein bey angedeutetem
„§. 180. des jüngſten Reichsabſchieds, und dem
„den Kurfürſten und Ständen gegen ihre Unter=
„thanen wegen der Reichs= und Kreisverfaſſung,
„wie auch der Reichsanlagen gebührenden Jure
„collectandi verbleiben, ſondern auch jene Kur=
„fürſten und Stände, ſo ein mehreres, als in
„vorangezogenem §. begriffen, gegen ihre Unter=
„thanen und Landſaſſen rechtmäßig hergebracht,
„dabey beſchirmet und gehandhabet, die Land=
„ſaſſen und Unterthanen aber zu allem dem zu
„kontribuiren angewieſen werden, was das Reich
„pro securitate publica verwilligt, die Execu=

C

„tionsordnung vermag, und die Landesdefenſion
„contra quemvis aggreſſorem, dem Herkommen
„und erheiſchender Nothdurft nach erfordert.
„Hingegen können Kaiſerl. Majeſtät in den
„neuen Vorſchlag (der verlangten Ausdehnung
„des §. 180) nicht willigen, zumal, da die
„Unterthanen und Landſaſſen hierüber gar
„nicht gehört und vernommen worden, noch
„weniger ſogar die Rechthängigen Prozeſſe in der-
„gleichen Materien kaſſiren, oder den Unterthanen,
„falls ſie unbillig beſchwert würden, die
„Zuflucht zu den Reichsgerichten entziehen, viel-
„mehr ſehen ſie ſich gemüßigt, einen jeden bey
„dem, deſſen er berechtiget, und wie es bis
„dato obſerviret worden, in alle Wege verbleiben
„zu laſſen.“ (Corp. Jur. publ. p. 1077.)

War nun gleich dem gröbſten Mißbrauche durch
dieſe wahrhaft reichsväterliche Verweigerung eine
Feſſel angelegt, ſo konnte es doch nicht fehlen,
daß man durch Umwege, oder durch offenbare
Zwangsmittel zu dem Ziele zu gelangen wußte,
dem man ſich unter dem Deckmantel der Geſetze
vergebens zu nähern ſuchte. Und wie konnte es

fehlen, bey der Menge von Hilfsmitteln die man
in Händen hatte? bey der Unwissenheit der zah-
lenden Menge, bey dem Verstummen der Wissen-
den, aus Selbstsucht oder Trägheit, bey den
vielfachen Hindernissen, die man der reichsrich-
terlichen Hilfe in Weg legte? Unzählige Veran-
lassungen und Vorwände wurden als Quellen
neuer Steuern und Gaben benutzt; eine der
unversieglichsten waren die Kriegsbrangsale, und
die daraus erwachsenen Landesschulden im 17ten
und diesem 18ten Jahrhunderte. War dann
einmal eine Abgabe im Gange, so dachte Niemand mehr daran, sie, wenn auch die Ursache
schon längst nicht mehr vorhanden war, wieder
aufzuheben, oder zu mindern. *) Sie wären
hergebracht, hieß es, wenn ja einmal davon die

---

*) Denn solche Beyspiele wird die Geschichte des
   Territorial-Steuerwesens nicht viele aufweisen,
   wie es der ruhmwürdige Herzog von Braun-
   schweig gab, der im Jahre 1792 die Aufhebung
   der Accise-Erhöhung verordnete, weil die
   Schuld früher getilget war, als man vorher
   berechnet hatte. (Schlözers Staatsanzeigen
   67. Heft, 33 Nummer.)

Sprache kam; aber hier oder nirgend gilt die deutsche Rechts = Parömie: „Hundert Jahre Unrecht ist nicht einen Tag Recht." Indessen so kam es doch, daß in unsern deutschen Reichs= ländern die nothwendigen Steuern, das heißt, die durch Reichsgesetze und rechtmäßiges Her= kommen eingeführten, gegen die welche es nicht sind, nur den kleinsten Theil ausmachen.

Und weil denn alle diese Ereignisse, wie der geheime Justizrath Pütter in seinen Instit. juris publ. §. 257 meynt, liberius paullum proce-dunt in territoriis, quae ordinibus provincia-libus haud praedita funt, (oder jenen gar: quae modo magis herili dominantur,) so kam es bald in manchen dieser Länder so weit, daß der Unterschied zwischen nothwendigen Steuern, d. h. solchen die in Reichs = oder Landesgesetzen, oder einem rechtmäßigen Herkommen gegründet sind, und freywilligen Steuern, d. h. die nur aus gutem Willen hätten übernommen werden sollen, gänzlich in Vergessenheit gerieth, und die Willkühr die einzige Norm blieb. Allein, so gewiß ein factum kein Recht wird, so gewiß ist

jener Unterſchied weſentlich in der deutſchen
Verfaſſung gegründet, und Steuern, unter waß
immer für einer Benennung, Acciſe, Stempel,
papier, Salz und andere Monopolien u. ſ. w.
können nicht anders, als mit Wiſſen und Willen
der Unterthanen auferlegt werden. (Pütter am
angeführten Orte §. 259.) Daß ſie nicht anders,
als mit freyer Einwilligung der Unterthanen auf,
gelegt werden können, dafür beweißt der Reichsabſchied von 1542 §. 53 ausdrücklich, wenn er
ſagt, "daß Kurfürſten, Fürſten und Ständen
„vorfallender Nothdurft halben ſich mit ihren
„Unterthanen von wegen gebührender Anlag zu
„vergleichen, und zu belegen unbenommen ſeyn
„ſolle," woraus ſchon der Veteran der deutſchen
Publiciſten, Moſer (den man doch nicht für
einen vorlauten Neuerer erklären wird?) in
ſeinem Traktat von der Landeshoheit in
Steuerſachen, S. 17 den Schluß zieht, daß,
wenn Reichsſtände „vorfallender Nothdurft
halber," auf ihre Unterthanen eine Steuer aus,
ſchreiben wollen, ein Vergleich deßhalb zwiſchen
beyden vorhergehen müße: und implicite beweiſen

dieß die Reichsabschiede von 1543 §. 24, der Reichsabschied von 1548 §. 102, von 1555 §. 82, von 1576 §. 11, von 1582 §. 10 und 11, und noch bindender eben jenes erwähnte Reichsgutachten vom 29ſten Oktober 1670, wo die Reichsſtände foderten, daß man ihre Unterthanen anhalten ſolle, "Alles, waß an ſie, und ſo oft es „begehrt, wird, gehorſamlich und unweigerlich „darzugeben." Hier geſtanden ſie offenbar, daß ſie noch kein Recht hatten, ihre Unterthanen eigenmächtig, und gegen deren Willen zu beſteuren, indem ſie ſonſt dazu nicht erſt eines Reichs= ſchlußes bedurft hätten. Sie wollten es erſt haben, ſowohl Reichsſtände mit= als ohne Land= ſtände; aber das Begehren ward als unſtatthaft verworfen. (Häberlin in ſeinem Handbuch des deutſchen Staatsrechts §. 257) Daß ferner aber auch die Unterthanen über den Ertrag, und die Verwendung der Steuern Aufklärung erhalten ſollen, das fodern, im Einklange mit dem allge= meinen Staatsrechte, die deutſchen Reichsgeſetze. Es fodert es der Reichsabſchied von 1555 §. 82, der es den Landesherrn zur Pflicht macht,

„ Ihren Unterthanen die beſtimmte Maaß
„ derſelbig Hülf zuvorderiſt eigentlich und
„ ausdrücklich kundbar und namhaft zu
„ machen." Das Gleiche ſagt der Reichsabſchied
von 1576 §. 12; und daß dieſe Geſetze noch bis
auf den heutigen Tag in viridiſſima obſervantia
ſeyen, dafür bürgt ein Reichskammergerichts=
Urtheil von 1792 gegen den Fürſten von Neuwied,
worin erkennt wird, "daß der jedesmalige ſtatus
„ exigentiae der Reichs= und Kammerbedürf=
„ niſſe, Legationsköſten und Korreſpondenzgelder,
„ mittelſt Vorzeigung der Originalkreisausſchrei=
„ ben und ſonſtiger Beglaubigung der Erforder=
„ niſſe, den Stadt= und Landesdeputirten aller
„ Gemeinden gegen Eingang jedes Jahrs vor=
„ gelegt werden ſolle." — Und nun zur Anwendung
dieſer detaillirten Epiſode, deren etwas größere
Ausdehnung man um der Evidenz der Schluß=
folge, und des für die Pfalz wahrſcheinlich bald ſo
praktiſchen Intereſſe willen, zu gute halten wird.

Wenn nun für die Folgezeit die Hilfsquelle
der Anleihe für den Pfälziſchen Staat bald aus=
„ geſchöpft ſeyn wird (und welcher Landesfreund

muß nicht wünschen, daß sie es bald werde, damit
nicht einst ein Pittisches Fundirungssystem des
Landes Mark zermalme, und der Nachwelt ein
schauerliches Grab grabe?); wenn mit dem nahen-
den Jahrhunderte die Abtragung von Schulden-
Kapital und Zinsen, die Aufbringung neuer
Fonds unvermeidlich heischt: worin wird man
am Ende seine einzige sichere Rettung finden,
als in einer richtig kalkulirten, gewissenhaft ver-
theilten, und treu erhobenen Steuer, wobey
„nach eines jeden Vermögen Gleichheit gehalten
„werde?" Giebt man nun zu, was nach den
Erläuterungen jener Schrift schwerlich geläugnet
werden kann, daß der ganze Aufwand der
Anleihe, und dem zu Folge das Bedürfniß der
neuen Steuer, durch das Deficit entstanden sey,
wovon der Reichskrieg der erste Anstoß, und das
Militärwesen die tiefste Quelle war; daß Letzteres
zu Erfüllung Reichsständischer Pflichten während
dem jüngsten Reichskriege als Kontingent verwendet, und also blos das geleistet worden, "was
„das Reich für die öffentliche Sicherheit ver-
„williget, die Exekutionsordnung vermag, und

„die Landesdefension gegen jeden Angriff, dem
„Herkommen und erheischender Nothdurft nach,
„erfodert," und will man zu dem Ende endlich
die Unterthanen wirklich mit der Steuer belegen:
so kann man den Steuernden die Aufklärung
über den Ursprung und die Beschaffenheit des
Bedürfnisses, und über die Verwendung der
Hilfsmittel dagegen, kurz, alle jene Details,
und noch weit mehrere, als jene Schrift enthält,
wahrlich nicht vorenthalten, wofern man nicht
mit dem klaren Sinne der Reichsgesetze, man
mag es nun für nothwendige oder freywillige
Steuer angesehen wissen wollen, in offenen
Widerspruch gerathen will.

Dieß sind die Sätze, die ich über das recht=
liche Verhältniß der Publicität für den vorliegen=
den Fall aufzustellen habe. Sie sind nicht in der
Hoffnung geschrieben, jene Gegner zu überzeu=
gen, die sich einmal vorgenommen haben, etwas
in die Sache zu legen, was nicht darin ist, statt
aus ihr selbst erst ihre Natur kennen zu lernen;
sondern eher für manche, die bey dem besten Willen,
wahr zu sehen, sich dennoch nicht leicht ent=

schließen, ihre eigenen Augen zu gebrauchen, die
jedes Ding erst durch das Prisma beschauen, was
ihnen etwa die Majorität, oder die Authorität
darreicht; für jene eher, die zum erstenmale
ihren Blick ernstlich auf einen solchen Gegenstand
heften, und durch die Beschwörungen, die man
gegen ihn gebraucht, auf den Verdacht gerathen
könnten, es sey wohl wirklich ein Werk der Finsterniß. — Kann man den Obscurantismus
nicht von seinem heiligen Stuhle stürzen: so soll
er wenigstens keine Proselyten machen.

Nun, unserm Vorsatze gemäß, von dem festen
Lande des Rechts hinweg, zu einem Streifzuge
auf dem Meere der Politik,

II.

Ueber den Werth und die Zulässigkeit der
Publicität für Staatshandlungen, aus Gründen
der Staatsklugheit. — War es schon bey der
Untersuchung über die Rechtlichkeit der Handlung
ausser der Sphäre dieser Blätter, tief in Detail
und letzte Gründe einzudringen, und beyde in ein
geregeltes Gebäude zusammen zu ordnen, so ist

dieß hier noch mehr der Fall, wo nur der politische
Maaßstab für die Handlung etwas berichtiget
werden soll. Ob es ausführbar sey, jene inneren
Staatsverhältnisse, die auf jedes Privatverhält-
niß die unmittelbarste Einwirkung fühlbar werden lassen, durchaus ausser dem Kreise der Publicität zu halten: in unsern Zeiten der gespann-
testen Aufmerksamkeit auf alles, was das bürgerliche Daseyn beeinflußet, wo doch schon die äussern
Verhältnisse der Staaten bis auf das kleinste
ungünstige Detail in aller Munde sind, wo man
ringsum für dieselbe, theils aus Konstitutions-
grundsatz, theils aus schlauer Maxime, theils aus
bringender Noth, die Publicität als Hebel ergriffen hat, um das Volk zum lebhaftern Interesse,
zur Mitwirkung, zum Vertrauen auf irgend einen
politischen Zustand zu spannen? Ob es rathsam
sey, in grellem Widerspiele dagegen, über das
heimische Verhältniß jede Stimme verstummen
machen zu wollen, und so die fernher glänzende
fremde Frucht noch verführerischer werden zu
lassen, weil man sie nicht mit dem Segen der
Heimath vergleichen kann? Jedes noch vor-

handene sparsame Vehikel, um auf den Gemein-
geist zu wirken, wie dem Laufe der Opinionen
über die tiefe Kluft einen Weg zu bahnen, welche
die Herrscher von den Beherrschten hier und dort
noch trennt, dem einen zu erhalten, indem sich der
andere erwirbt, vollends zu hemmen, und so einen
Schritt zurück zu wanken, wo statt dessen der
Genius der Zeit einen festen Schritt vorwärts
heischte? Den sich in leeren Sagen herumtreiben-
den Zerrbildern der Albernheit oder Arglist lieber
das Feld räumen, damit diese dem Mißtrauen
und Mißmuthe jedes Uebel in zehntausendfacher
Vergrößerung vormalen könne, als der strengen
Wahrheit den Griffel überlassen, den sie mit
fester, aber darum dennoch vorsichtiger Hand
führen würde? Ob endlich alles dieß dennoch zu
dem verlangten Ziele wirklich führen mögte?
Ob die Masse des Volkes zufriedener, anhäng-
licher an die bestehende Ordnung der Dinge bleibe,
wenn sie nun gänzlich unwissend darüber ist, wie
über ihre inneren Kräfte geschaltet werde, wie
das Verhältniß ihres Gesammtvermögens sey?
Ob dem Scharfblicke der wissenschaftlichern

Stånde, und der kombinirenden Kapitalisten und
Banquiers, so wie der Aufmerksamkeit und dem
Scharffinne eines auswärtigen Geschäftsmannes
ein so dürftiger Schleyer lange unburchsichtbar
bleiben könne? und ob denn also durch solche
Mittel, auch abgesehen von ihrem sittlichen
Werthe, und ihren Folgen, dem Staatskredite,
wenn er wirklich erschüttert worden, und durch
ihn dem reellen Landeswohle aufgeholfen werde?
Endlich ob in der That durch eine Schrift, wie
die in Sprache stehende, das Landeswohl in
finanzieller Hinsicht gefährdet worden seyn
könne? — Alles das sind Fragen, die den Stoff
zu eben so viel eigenen Kommentaren liefern
könnten. Allein eben so leicht mögten eben so viele
Streitschriften daraus werden. Mit den Sätzen
der theoretischen Politik ist man noch so wenig im
Reinen, und wird es vielleicht so wenig je werden, die Abstraktionen der Schule gleichen so
wenig denen des Kabinetes, und auf dem prakti-
schen Tummelplatze der Erfahrung gleichen sich
wieder so wenig alte Zeit und neue Zeit, wovon
die letzte sich vorzüglich in einem Gewebe ver=

worrener Begriffe gefallen hat, indem sie jede
politische Maaßregel, mit einem stattlichen
Rechtsfirnße gern überkleistern mogte — daß es
hier schlechterdings dem nächsten Zwecke nicht
zusagt, die festen Punkte zu gründen, noch der=
gleichen als anerkannte Heischesätze zu benutzen.—
Wir beschränken uns daher, zur Rechtfertigung
der Publicität nach politischen Gründen, auf die
Zusammenstellung einer Reihe von Thatsachen
für diesen Gesichtspunkt, in der Ueberzeugung,
daß eine Sammlung solcher Parallel=Handlungen
sowohl schon an sich für den Beobachter politischer
Opinionen gehaltreich und anziehend seyn müße,
als wie sie zugleich über die begleitenden Um=
stände, und die Sphäre unserer Schrift ein
neues Licht werfen werden, weil hier in dem,
was geschehen ist, Gründe liegen für das, was
geschehen durfte.

A.

I.

So mag denn das zuerst in die Wagschale
fallen, was dem mächtigsten Steine des Anstoßes
einiges Gleichgewicht halten soll. — Ueber die

ausführliche Angabe der Staatsschulden hat man
insbesondere Zeter geschrieen! Wahrlich hätte
nicht von diesem Ereigniſſe der Verfaſſer volle
Ueberzeugung erhalten, ſo würde er es eher über
jeden andern, als gerade über dieſen Punkt
erwartet haben. Wer ſollte ſich auch einfallen
laſſen, einen Finanzgegenſtand unter die Myſte-
rien zu zählen, der ſchon vermöge ſeiner Natur
kein Geheimniß ſeyn konnte, und auch durch eine
tauſendzüngige Tradition, durch eine officielle
Publicität ſelbſt, ſchon längſt aufgehört hatte es
zu ſeyn? Wenn man eine Anleihe eröffnen will:
ſo muß man doch dieſes, und die Bedingungen,
unter welchen ſie Statt haben ſoll, den Kapita-
liſten bekannt machen. „Eine Regierung, die
„eine neue Anleihe aufzunehmen wünſcht, wird
„ihren Zweck ſicher am leichteſten und beßten
„erreichen, wenn ſie die Gründe, die ſie dazu
„beſtimmen, anzeigt, und zugleich über die
„Sicherheit des Kapitals und der Zinſen Zahlung
„genaue Auskunft giebt.“ (Von Eggers über Popularität und Publicität; in dem deutſchen Magazin
Oktober 1798.) Und von dieſem richtigen Grunde

satze gieng man aus, als man in der Mannheimer Zeitung in den succeſſiven Anleihe-
Perioden die Größe des Kapitals, die Unterpfänder, die Zinſen, die Zeit der Rückzahlung,
und das Anleihe = Comptoir bekannt machte.

Um des merkwürdigen Kontraſtes willen
jenes richtigen geraden Verfahrens der Regierung,
mit dem jetzigen ſonderbaren Gerede mancher
Individuen, die ſich zum Richter aufwerfen,
führe ich die einzelnen Bekanntmachungen nach
ihrer Reihenfolge an:

1.) In der Mannheimer Zeitung von 1794
in der 38ſten Nummer S. 172 machen die
Anleiheunternehmer bekannt, daß ein Kapital
von 700,000 Gulden durch ſie zu Beſtreitung
der Kriegsbedürfniſſe aufgenommen werden ſolle;
daß das Oberamt Heidelberg, welches 299,847 fl.
28 kr. rein ertrage, zur Specialhypothek ein-
geſetzt, und 4½ pro Cent beſtimmt ſeyen, ſo
zwar, daß von 1800 an jährlich 100,000 Gulden
abgetragen werden ſollen, mit der zugefügten
wahren Bemerkung des guten, ſchuldenfreyen
Finanzzuſtandes der Pfalz.

2.) In der Mannheimer Zeitung von 1795 in der 81ſten Nummer S. 360. wurde die zweyte Anleihe von 700,000 Gulden zu 5⅝ angezeigt. Zugleich das Unterpfand auf das Oberamt Heidel-berg, und in ſubſidium die Gefälle des Herzog-thums Sulzbach, nebſt dem, eine ausführliche Anzeige des Anleiheplanes und der ſichernden Formalitäten.

3.) In der Mannheimer Zeitung von 1795 in der 132ſten Nummer S. 586 wird die dritte Anleihe wegen fortdaurenden Kriegs- und andern auſſerordentlichen Ausgaben zu 1 Million mit 5 vom Hundert bekannt gemacht. Das Oberamt Mosbach, und in ſubſidium die Oberpfalz als Unterpfand beſtimmt, und das Detail der jähr-lichen Rückzahlungsſummen beygefügt.

4.) Endlich in der Mannheimer Zeitung von 1796 in der 79ſten Nummer S. 416 findet man die letzte Anleihe von 3'600,000 Gulden wegen den Aufopferungen des fortdaurenden Krieges und den damit verbundenen Verhältniſſen eröffnet. Die Oberpfalz, Neuburg und Sulzbach, und die Landgrafſchaft Leuchtenberg, welche jährlich

D

1'100,000 Gulden ertrügen, nebſt Heidelberg und Moßbach) zum Unterpfande geſetzt, und $5\frac{1}{2}$ pro Cent ſtatt einer ſonſtigen Prämie bewilliget. Ferner das Detail der Summen der Rückzahlungs= Epochen auseinandergeſetzt. — Läßt ſich eine ausführlichere Publicität der Staatsſchulden den= ken, als dieſe? — Auſſerdem entſinne ich mich noch, ganz eigenthümliche Anleihepläne, welche die Organiſation des Geſchäfftes darſtellten, im Umlaufe geſehen zu haben.

Dieß iſt eine Quelle der Publicität, und nun noch eine, die ſie auf den größtmöglichſten Grad erhebt. Die im ganzen kultivirten Europa geleſene allgemeine Jenaer Literatur= Zeitung vom Jahre 1797 in der 272ſten Nummer. Dieß in gelehrten Dachſtuben, wie in Hörſälen einheimi= ſche Tageblatt giebt die Pfalzbaieriſchen Anleihen nach folgendem Detail an. Eine Anleihe

1794 bey Schmalz, Bethmann u. Walther	700,000 fl.	
1795 — Schmalz, Rüppel u. Schweizer	550,000 fl.	
1796 — Schmalz und Seligmann	3'600,000 fl.	
— Mieg	150,000 fl.	
1797 — Mezler	500,000 fl.	
In Summe	5'500,000 fl.	

Vom Zinsfuße wird bemerkt, daß er dabey allmählig auf 5 ½ % steige.

Wer in aller Welt könnte sich einfallen laffen, nach solch einem Meere von Publicität, mit dem Publikum noch blinde Kuh spielen zu wollen? Wer kann es für ausführbar halten, nach dem, was kurz zuvor, und weiter oben von dem Reichsgesetzmäßigen Drange zur Bekanntmachung gesagt worden? und wer kann glauben, daß ein solches Geheimniß eine Marime wahrer Staatskunst ausmachen müße? — Die wirklich erxistirende Publicität, die theils gebotene, theils nicht verbotene Publicität, und die Publicitäts-Scheue sind freilich ganz unvereinbare Dinge.

Es ist eine in der ganzen handelnden Welt notorische Sache, daß seit langen Jahren vor der Batavischen Revolution, und wohl auch noch bis auf den heutigen Tag, in Amsterdam von Zeit zu Zeit gedruckte Listen von den Anleiheschulden vieler Könige, Fürsten und Herren in Umlauf kamen, worin unsere deutsche Reichsfürsten jeder, zeit eine ansehnliche Stelle behauptet haben. Solche Listen gaben nun den jedesmaligen relati-

ven Zahlwerth der verschiedenen Staatspapiere
unter sich, und gegen Numerär an, so, daß man
auf den erſten Blick daraus den verglichenen
Barometerſtand des Kredits eines jeden Landes
wahrnehmen konnte. Auch mußte man recht gut,
was für Unterpfänder, Kleinobien u. ſ. w. dafür
jedesmal gegeben waren. Wurde der Zuſtand
ſolcher Länder dadurch verſchlimmert? wurde die
Reorganiſirung ihrer Finanzen dadurch unver-
dienter Weiſe mißlicher? Keineswegs. Die Han-
noverſchen Kaſſenſcheine z. B. nach dem ſieben-
jährigen Kriege ſtanden bald nicht allein pari,
ſondern wurden hier und da ſelbſt mit Aufgelde
umgeſetzt, weil die kontrahirte Schuld nicht des
Landes Kräfte überſtieg, weil die Zinſen pünktlich
entrichtet, die Scheine wie baares Geld genommen wurden, und jezt ſogar auf Verlangen ſogleich
realiſirt werden. — Was der Holländiſche Kaufmann that, und thut, unterläßt auch der deutſche
Kaufmann nicht. In Frankfurt am Main weiß
man recht gut, wie hoch Pfälziſche Staatsobli-
gationen im Kurſe ſtehen. Davon hat der Verfaſſer nicht einmal Erwähnung gethan, nichts

über die Natur dieser Finanzoperation gesagt,
nichts über den Werth ihrer innern Oekonomie,
über ihr Verhältniß zum Intereſſe des Staates,
und dem Bedürfniſſe des Augenblickes, nichts von
alle dem, was dem Argwohne den Schein eines
beabsichteten Mißtrauens gegen Maaßregeln der
Regierung hätte liefern können; ſondern er hat
ſich blos auf die Darſtellung notoriſcher That=
ſachen beſchränkt.

Eben in jener angeführten Stelle der Jenaer
Literatur = Zeitung iſt noch die Hohenhauſiſche
Folio = Tabelle angeführt, worin die Durchmarſch=
koſten der Truppen durch die Pfälziſchen Länder
binnen 6 Kriegsjahren auf 1'748,394 Gulden
angegeben werden. Deßgleichen iſt in dem poli=
tiſchen Journale des Herrn von Schirach vom
Auguſt 1797 gemeldet, daß Baiern vor nicht
langer Zeit von der St. Georgsbank in Genua
400,000 Gulden zu 4 ½ ⅜ erhalten habe. Dieſe
und ähnliche Angaben las man ſeit langer Zeit,
und that dabey, als wüßte man nicht, daß ſie in
der Welt ſeyen. Wo läge denn der Unterſchied
von Publicität in Journalen, und der durch eigne

Schriften? Iſt letztere etwa größer? Es läßt
ſich mit einem hohen Grade von Wahrſcheinlich=
keit annehmen, daß, wäre jene Schrift wider die
Transplantation in den Heften einer Zeitſchrift
erſchienen, das Staunen kaum ein paar Tage
gewährt haben würde: und jenen Weg hätte ja
wohl der Verfaſſer einſchlagen können, hätte ihm
die Unbefangenheit ſeiner lautern Zwecke minder
vor Augen geſchwebet.

2.

Einem ſolchen Journal = Palladium iſt es
wohl auch zuzuſchreiben, wenn die detaillirte Be=
kanntmachung einer zweymal größern Schulden=
ſumme an auswärtige Staaten, ohne Befremden
aufgenommen wird. In den Europäiſchen
Annalen des Dr. Poſſelt vom Jahr 1797 im
11ten Stücke wird der von Baiern mit Moreau
im Namen der Franzöſiſchen Republik geſchloſſene
Waffenſtillſtand vom 7ten September 1796, in
extenſo geliefert. Es wird darin Baiern ver=
bindlich gemacht, an Frankreich zu entrichten,
zehn Millionen Livres, 2300 Pferde, 20,000
Zentner Früchte, 100,000 Säcke Hafer, 200,000

Zentner Heu, 100,000 Paar Schuhe, 10,000
Paar Stiefel, 30,000 Ellen Offiziers-Tuch und
20 Gemälde. Dieser drückende Vertrag, über
dessen Ratifikation in der Folge erst schwierige
Erörterungen eintraten, ward hier, noch während
über seine Vollziehung Unterhandlungen gepflo-
gen wurden, bekannt gemacht. Es war eine
diplomatische Urkunde, ein äusserst ungünstiger
Staatsvertrag, bekannt gemacht in der Zeit der
Krise, und Niemand machte Miene, das ausser-
ordentlich zu finden! Wahrscheinlich beruhigte
man sich bey einer weit folgereichern Veranlassung mit einer Art herkömmlicher Publicität, die
eben dadurch das Auffallende verloren hatte.
Das Beyspiel anderer Zeiten, und anderer Staaten, lieh der Aengstlichkeit die Krücken.

3.

Legt man aber, und nicht mit Unrecht, der
Erfahrung für solche Gegenstände einen so hohen
Werth bey, so muß man ihr nicht auf der einen
Seite nehmen, was man ihr auf der andern gege-
ben hat. Wäre der Satz, daß Publicität über den
Finanzzustand dem Staate verderblich sey, eine

politische Erfahrungswahrheit, so müßten die
neuesten Welthändel ganz anders stehen, als wir
es wirklich inne werden. Großbritannien, Frank=
reich, Nordamerika hätten schon von dem Welt=
theater abtreten müssen, statt daß sie jezt, und
zum Theil eben durch diese Offenheit in Finanz=
verhandlungen, ihre imponirendste Rolle spielen.
Wäre Heimlichkeit über den Zustand des Staats=
vermögens die Garantie für die Kraft, die Un=
erschütterlichkeit, und den Kredit eines Staates,
so müßte kein Europäischer Staat mehr Anspruch
auf diese Dinge machen können, als die hohe
Ottomannische Pforte. Allein, sieh da! der Kredit
des Herrschers der Gläubigen besteht höchstens
hinter dem Janitscharensäbel, oder einem seidenen
Stricke: und kein Staat bietet so sehr das Bild
innerer Schwäche, Verwirrung und wahrer
Staatsverwesung dar, als eben dieser stumme
Oßmannische Koloß.

Das riesenmäßigste Beyspiel für das Gegen=
theil liefert uns Größbritannien, gegenwärtig
das Herz des politischen Körpers von der alten
Lehre, von dem aus der Kreislauf der Lebenssäfte

in die übrigen Theile geschiehet. Bis zu einem in
der Geschichte beyspiellosen Grade erhebt es seine
extensive Stärke, bleibt es unerschüttert und
siegreich allein auf dem Kampfplatze, macht sich
die Welt zinsbar, und besitzt den unerschöpflich-
sten Kredit seiner Bürger, während die Welt
weiß, daß dieser Gigante an 4000 Millionen
Gulden Schulden auf seinen Schultern trägt;
während in seinen Parlementern über den Ertrag
der Taxen, der Zölle und Einnahmen aller Art,
über die gesammten Kräfte des Reiches, über den
Aufwand der Civilliste, der Kriegsmacht, und die
Deckungsmittel der ungeheuren Staatsschuld und
der laufenden Bedürfnisse, Aufschlüsse gegeben,
Untersuchungen aufgestellt werden, die binnen
wenigen Tagen ganz Europa liest. Selbst als
dem ganzen Kreditsysteme durch die Zahlungs-
stockungen der Bank von London am Ende des
Jahres 1796 und Anfangs 1797 ein tödtlicher
Stoß drohete, erlitt jene Publicität keine Ver-
änderung. Alle öffentlichen Blätter enthalten
aus dem Budget, welches der Staatsminister
Pitt für dieses Jahr eröffnete, daß das ganze

zirkulirende Einkommen Großbritanniens 201
Million Pfund Sterlinge betrage, daß das dieß=
jährige Staatsbedürfniß auf 30 Millionen ange=
setzt sey, wovon noch zu 14 Millionen die Fonds
herbey geschafft werden müßten. Was heißt dieß
anders, als um 14 Millionen sind die vorhande=
nen Hilfsquellen zu gering; 14 Millionen mehr
Ausgabe als Einnahme; 14 Millionen Deficit. —

Man liest in England jeden Tag das Steigen
und Fallen der Stocks: am Rheinstrome liest
man die Angaben wohl auch in der Zeitung,
aber ohne gerade sich zu bekümmern, was es denn
wohl damit für eine Bewandtniß habe. Diese
Anzeige des Steigens und Fallens der Stocks ist
im Grunde nichts anders, als Anzeige des fal=
lenden oder steigenden Kredits der Staatspapiere,
jenes Haupthebels der Brittischen Geldübermacht.
Niemand ist noch auf den Einfall gekommen,
dieß politische Wetterglas, welches mit dem ver=
wickeltsten und kühnsten Hazardspiele in Verbin=
dung steht, als verderblich für des Königreiches
Finanzkräfte anzusehen.

4.

Dem reichen Königreiche gegenüber, liefert uns auch die geldarme, aber mächtige Republik Frankreich Erfahrungen für unsern Satz. Bis zum 18ten Fruktidor ließ sie die Verhandlungen über ihre Finanzen, oder, was bey ihr Synonim geworden, über ihre Schulden, dem Geiste ihrer Verfassung gemäß, in öffentlicher Sitzung sich kund thun. Vierzig Milliarden Schulden tönten von ihrer Redner Lippen; aber eben so tönten zahllose Triumphe. Ein Gemälde, fürchterlicher als noch je eines der Art gesehen worden, lieferte der Ritter d'Ivernois, worin er den krebshaften Schaden, an welchem die Finanzen Frankreichs bis auf Jahrhunderte kränkeln werden, bis in seine tiefsten Verästungen verfolgt, und den Blößen der ausübenden Gewalten tiefe Brandmale eindrückt. (Man lese Archenholz Minerva 1798, August und September.) Das Gemälde umfaßt den Zustand vom Jahre 1797; aber Niemand dachte daran, dieses große Nachtstück ungesehen zu machen, seine Bekanntwerdung zu hintertreiben. Zwar rächten sich die Macht-

haber an jenen Rednern, am 18ten Fruktlbor;
aber wer dürfte es auch wagen, in der Phyſiogno-
mie irgend einer feſtgegründeten Regierung einen
Zug vom 18ten Fruktlbor auffinden zu wollen?
Frankreich und England verhandelten öffentlich
über ihre Finanzen, und beyde widerſtanden den
Aufällen zur Erſchütterung ihrer Verfaſſung.
Frankreich verheimlichet ſeine Finanzen: nun
weiß jedermann, daß ſie ſo ſchlecht als möglich
ſtehen; oder ſtehen ſie, ſteht der Staatskredit jetzt
beſſer?

5.

Der Profeſſor von Eggers hat in ſeinem
deutſchen Magazin im Monat Auguſt 1798
Berechnungen bekannt gemacht über den Geld-
kurs in Dänemark, aus authentiſchen Urkunden, bey der Kopenhagner Börſe. Dieß läuft
am Ende zuſammen mit den Berechnungen über
die Staatskräfte, und über das günſtige oder un-
günſtige Verhältniß gegen Auswärtige.— Noch
mehr gehört aber hierher eine frühere Abhandlung
deſſelben Verfaſſers, die ſich wirklich „über den
ganzen Finanzmißſtand des Königreiches Däne-

mark" verbreitet. Das Papiergeld war nämlich
daselbst um das Jahr 1785 anf eine erstaunliche
Summe angeschwollen, und folglich sehr im
Werthe herunter gebracht worden. Oder mit
andern Worten: Die Staatsschuld stand nicht
mehr im Verhältniße mit dem Staatsvermögen,
und es mußte auf Mittel gesonnen werden, die
Sache wieder in ein Gleichgewicht zu bringen.
In jener Schrift ward nun der Quelle des Uebels
nachgeforscht, gezeigt, worauf es bey der Hebung
desselben ankomme, und die Resultate der Unter=
suchung sowohl, als auch die Zwekmäßigkeit der
ergriffenen Maaßregeln dem Publikum vor Augen
gelegt. Niemand dachte daran, den erwähnten
Mißstand verbergen zu wollen, weil er sich jeder=
mann selbst laut genug ankündigte. Hier galt es
der Wiederherstellung des Kredits eines welt=
läuftigen souverainen Staates, und dadurch der
Erhaltung seines Handels, seines Wohlstandes,
und am Ende seines ganzen politischen Daseyns.
Man gelangte zum erwünschten Ziele, weil man
das Publikum, welches ein so lebendiges Interesse
dabey haben mußte, über die Maaßregeln und

Endzwecke der Regierung, mit Vertrauen und
Ueberzeugung zu beseelen mußte, und man achtete
sich dem Schriftsteller verbunden, welcher es über
sich nahm, unrichtige Vorstellungen jeder Parthie
hierüber zu berichtigen.

6.

In dem Journal, neueste Staatskunde,
vom Jahre 1798 im 3ten Hefte ist ein Aufsatz
des Herausgebers: „Ueber den Finanzzustand
des kaiserl. Reichskammergerichts zu Wetzlar".
Die Ehre des ganzen Reiches ist dabey interessirt,
daß dieses höchste Tribunal, welches seinen Unter-
halt aus den vom Reiche zu leistenden Kammer-
zielern erhält, in einem anständigen Finanz-
zustande erhalten werde: und dennoch sprechen
hier angeführte Thatsachen, für einen höchstkläg-
lichen Zustand von dieser Seite so laut, daß eine
solche Schilderung nur durch ihre Wahrheit
gerechtfertigt werden kann. Niemand hat sich
einfallen lassen, den Reichsfiscal gegen die ver-
wegene Feder zu excitiren, die sich erkühnte zu
sagen, daß die Diener der Gerechtigkeit des heiligen Reiches in kümmerlicher Lage seyen; denn.

der Reichsfiscal selbst hätte wohl zu lebhaft die Wahrheit des Gesagten gefühlt.

So viel erhellet einmal aus allen den obigen Beyspielen zusammen genommen, daß die Oeffentlichkeit der Staatsverhandlungen im Finanzfache an sich durchaus weder von den ungleichartigsten Mächten, in den ausserordentlichsten Verhältnissen für verderblich gehalten worden, noch daß sie je wirklich Finanzmißstände herbey geführt, oder verschlimmert habe. Solche Wirkungen kommen der Publicität so wenig zu Schulden, als etwa dem Knalle die Verwüstungen des Schießpulvers.

B.

Hätte man sich entschließen können, den Plan und die Ausführung jener Schrift, fern von allen Seiten blicken, mit einer kaltblütigen Unbefangenheit zu würdigen, so würde man sich gewiß haben gestehen müssen, daß sie im Grunde nichts mehr enthalte, als was bereits in andern statistischen und politischen Schriften, nur etwa nicht unter einem solchen gemeinsamen Gesichtspunkte gesammelt, oder mit minder lebendigen Farben aufgetragen, der Publicität überliefert

worden war. Man findet die ausführlichsten
Details über Finanz- und Schuldenwesen deutscher
Reichs-Länder und souveräner Staaten, sowohl
in eigenen Werken, Landtags Verhandlungen,
u. s. w., als auch in geographisch = statistisch =
politischen Zeitschriften, wovon ich hier nur Sa=
bri's geographisch. statitisches Journal, das
Staatsarchiv, die neueste Staatenkunde, das
politische Journal, dann den Briefwechsel, und
die Staatsanzeigen von Schlözer (ein Name,
den man in der Pfalz doch wohl noch kennt?) in
Erinnerung bringen will.

Eben diese statitischen Schriften nun, bieten
eine neue Parallele dar, welche, dünkt mir, dem
Schlusse a simili eine neue Seite der Anwend=
barkeit leihet. Jeder, der Privathaushaltung
von Staatshaushaltung, kleinliche Geldschneiderei
vom Ueberblicke der höheren Staatsökonomie, und
die Manipulation für den Geldkasten des Regenten,
von den Grundsätzen der Finanzwissenschaft un=
terscheiden gelernt hat, wird damit übereinstim=
men, daß die Kenntniß des Kulturzustandes eines
Landes in Ackerbau, Manufaktur, Handel ꝛc.

feiner Bevölkerung, feiner Produktions-Fähigkeit, des Verhältniffes feiner verfchiedenen Stände, feines Steuerfyftems, und feiner Domänen Ver- waltung einen dauerndern und allgemein gülti- gern Maaßftab zur Beurtheilung der Hilfsquellen, der Kraft und Feftigkeit eines Staates anbiete, als die ephemere Kunde detaillirter Kriegskoften, oder eines ehemaligen Staatsaufwandes, oder einer negozirten Anleihe. Und doch find die oben genannten Gegenftände eben fo viele Kapitel jeder Statiftik. Wo wären wir noch mit den Refulta- ten diefer Wiffenfchaft, und der durch fie gebilde- ten Theorien der Steuern, Banken, der Kunft, Schulden zu machen, u. f. w. ohne Publicität?

I.

Es ift noch Niemand eingefallen, einem Statiftiker zu verargen, daß er von diefen Dingen redet, die die Seele feiner Wiffenfchaft ausmachen. Im Gegentheile wächst feine Schätzung nur in dem Maaße, als fich die Aechtheit feiner Quellen bewähret, weil nur darauf der Nutzen feiner Arbeit fich gründet, die im Gegentheile im Felde

E

bloßer Hypothesen wesentlichen Schaden stiften
kann.

Auch in der Pfalz gieng man ehemal von
diesen richtigen Gesichtspunkten aus, als man
Unternehmungen dieser Art mit Hilfsmitteln ver-
sah. Gewiß hätte die Widderische topographische
Beschreibung der Unterpfalz keinen jener Nach-
theile veranlassen können, welchen ihr Geschäffts-
leute hier und da während des Krieges zuschreiben
wollen, wären die Materialien mit mehr Voll-
ständigkeit und Treue geliefert worden. Als die
in jeder Rücksicht dankenswerthe Berechnung des
Hofgerichtsraths Traiteur über die Größe und
Bevölkerung der Rheinischen Pfalz erschien, war
ihr Anschein authentischer Quellen das besondere
Lob. Damals, vor zehn Jahren, schrieb der
Verfasser S. 5: „Auch ist man jetzt überhaupt
„weit entfernt, aus der Volksmenge und den
„Staatseinkünften noch Staatsgeheimnisse zu
„machen. Die mächtigen Beyspiele von Frank-
„reich, Schweden, Preussen und Oesterreich, eben
„so von den kleinen Staaten: von Sachsen,
„Anspach, Baireuth und Wirtemberg, die längs-

„ſtens die genaueſten Angaben über Volkszahl
„und Kultur, über Staats= oder Fürſteneinkünfte
„bekannt machten, bürgen uns für alle Folgen.‟
(War das wirklich ein verdeckter Lobſpruch, oder
glaubte der Verfaſſer, vorbauen zu müſſen?)

Auch einer muſterhaften Univerſaltabelle von
1786 erinnere ich mich, bekannt gemacht in der
deutſchen Monatsſchrift, worin die genaueſten
Details über die Bevölkerung, den Nahrungs=
ſtand, und die Landwirthſchaft der Beſtandtheile
der Kurpfalz dargeſtellet werden.

2.

Als neueſte Thatſache führe ich noch an, daß
in allen politiſchen Tageblättern der Anſchlag der
Verluſte des Kurhauſes Pfalz auf dem linken
Rheinufer, welcher von der Pfalzbaieriſchen Ge=
ſandtſchaft der Kaiſerlichen Plenipotenz, der
Reichsdeputation und der Franzöſiſchen Geſandt=
ſchaft mitgetheilt wurde; bekannt gemacht worden
iſt. Wer nun einmal weiß, daß ein Staat 165
Quadratmeilen, 48 Aemter, 36 Städte, 11 Flecken,
678 Dörfer, 470,157 Menſchen, und 3'121,000
Gulden Einkünfte verloren hat, dem wird es nicht

schwer fallen, über die bestehenden Staatskräfte auch ohne weiteres den Saldo zu ziehen.

3.

Ferner, damit man auch die neueste Stimme des Auslandes darüber höre, verweise ich auf das politische Journal von 1798. im 8ten und 9ten Stücke, woselbst sich eine Abhandlung: „über den Bestand, und die Staatskräfte der Dänischen Monarchie" befindet, in welchem sehr ausführliche Bilanzen über Aus- und Einfuhr-Handel, über den Ertrag von Accisen und Zöllen, über Schulden und Bestand der großen Handels-kompagnien, über den Ertrag und Gewinn der einzelnen Provinzen, kurz, über das ganze stati-stische Verhältniß im Innern sowohl, als gegen auswärtige in Verbindung stehende Staaten, bekannt gemacht wurden. —

4.

Als ein zweytes, noch frappanteres neuestes Beyspiel des Auslandes lenke ich den Blick auf den transatlantischen Freystaat Nordamerika, wo Europäische Staatsverfassung, Sitten, Gesetze, und Einrichtungen, auch ausserhalb dieses Welttheils Wurzel faßten. Im Jahre 1796 erschien daselbst unter den Augen der Regierung in Neu-York bey Will. A. Davis eine treffliche Finanz-schrift unterm Titel: A Sketch of the Finances of the united States by Albert Gallatin, 8. Der bescheidene Titel einer Skizze, hindert nicht, daß wir durch dies genaue Werk eine sehr zuver-läßige detaillirte Ansicht des eben nicht glänzen-den Finanzzustandes dieses Freystaates erhalten. Wir erfahren darin die Summe der wirklichen und einst wahrscheinlichen Einkünfte, und ihre sämmtlichen gegenwärtigen oder künftigen Quellen. Wir erfahren die Summen der jährlichen Aus-gaben sehr bestimmt. Wir erfahren endlich den Zustand der Staatsschuld, durch die sorgfältigsten unbefangensten Untersuchungen; daß sich selbe noch am 1sten Jänner 1796 auf 81 Millionen 811,368 Dollars 27 Cant belaufen, und die jähr-lichen Interessen und Annuitäten davon mit dem Jahre 1800, auf mehr als 5 Millionen Dollars steigen. Wir hören mit der größten Freymüthig-keit mehrere von der Regierung begangene oder zugelassene Fehler rügen, Irrthümer aufdecken,

vor so lockenden verderblichen Finanzprojekten,
wie z. B. das Anleihe- und Fundirungs = System,
wenn sie in einem Staate zur Universal=Medicin
werden, warnen, und Vorschläge zu Verbefferun=
gen mancher Art machen.

Dieß geschah in einem jungen, von dem
Kredit so sehr, als irgend einer, abhängigen
Staate, in dem der Französische Einfluß eine
entschiebene ansehnliche Parthey hat, und dem
gegen die Meynung seiner Bürger so wenige
direkte oder indirekte Zwangsmittel zu Gebote
stehen. — Sed Sapienti sat!

5.

Noch eine Anführung von Thatsache sowohl,
als von fremdem Urtheile, wozu eben diese Dä=
nische Staatsverwaltung Anlaß gegeben hat,
kann ich mir nicht versagen, weil sie sowohl an
Erfahrung für unsern Fall bereichert, und die
Gründe eines Geschäftsmannes kennen lernt,
als auch weil letztere auf den ersten Blick den
Gegnern eine scheinbare Authorität wider uns
an Handen giebt. Der verdienstvolle Professor
von Eggers in Kopenhagen hat in seinem

deutſchen Magazin vom Jahre 1798 im Oktober
Hefte S. 409 und folg. einen Aufſatz geliefert:
„über Popularität und Publicität der Finanzverwaltung in Dänemark,“ worin er die
Grundſätze, nach welchen man dabey in Dänemark verfuhr, darlegt, und dieſe nach einer
weitern Entwicklung zur Allgemeingiltigkeit zu
erheben ſucht. Der Verfaſſer wird es gewiß
ſelbſt nicht von ſich geſagt wiſſen wollen, als
habe er das Problem über den Werth der Publicität der Finanzverwaltung im Allgemeinen,
nach deſſen tiefeſten Gründen und geſammten
Geſichtspunkten aufzulöſen in Abſicht gehabt.
Seine Bemühungen ſcheinen vielmehr dahin gegan-
gen zu ſeyn, zu beweiſen, daß die Maximen und
Maaßregeln eines ſouveränen Staates, unter
den Verhältniſſen, in welchen ſich Dänemark
ſah, vollkommen im Einklange mit Grundſätzen
des allgemeinen Staatsrechtes und der Staatsklugheit ſich darſtellen laſſen. Allein auch unter
dem Einfluſſe eines ſolchen individuellen Geſichts-
punktes, iſt uns ſeine Abhandlung willkommen,
und die darin aufgeſtellten Grundſätze bekräfti-

gen vielmehr die Tabellosigkeit unserer vorliegen=
den Handlung, statt sie zu mißbilligen, obgleich
sich gegen manche aufgestellte Behauptung, und
gegen manche daraus gezogene Schlußfolge, viel=
leicht nicht ungegründete Einwendungen machen
ließen. — Der Verfasser jener Zeitschrift sucht
darauf aufmerksam zu machen, wie Vieles von
der Dänischen Regierung zu Gunsten einer zweck=
mäßigen Publicität selbst in kritischen Momenten
entweder gethan oder zugelassen worden, um
diese Regierung gegen jene zu vertheidigen,
welche sie der Publicitätsscheue beschuldigen, und
eine unbedingt gränzenlose Oeffentlichkeit aller
Finanzgegenstände eingeführt wissen wollten. Er
führt zu dem Ende an, wie man damit angefan=
gen habe, dem Publikum die Grundsätze des
ganzen Finanzplanes vorzulegen; wie man über
das Münz= und Bankwesen es aufzuklären gesucht
habe; die Verwaltung der Kreditkasse, der
Schleßwig = Hollsteinischen, Dänischen und Nor=
wegischen Speciesbank im Zutrauen des Publi=
kums erhielt, indem man die Folgen der ange=
nommenen Grundsätze vor seinen Augen in Er=

füllung gehen ließ; wie man Sinking Fonds
zur Tilgung der Staatsschulden anlegte, und
daß man das Alles selbst zu einer Zeit, wo sehr
viele Einwohner eine nachtheilige Meynung von
der Lage der Finanzen faßten, der Publicität
keineswegs entzog, vielmehr wo man es für nöthig
hielt, selbst von ihr Gebrauch machte; daß man
niemals Nachrichten über das weiteste Detail in
Finanzgegenständen aus der Quelle jemand ver-
weigerte, der sie zu einem wohlthätigen wissenschaftlichen Zwecke benutzen wollte; ja sogar
Schriften, die den Finanzmißstand zu ihrem
ausschließenden Gegenstande gewählt, gewagte
heftige Vorschläge zu dessen Reform gethan, und
zum Theile wenigstens ihren Unberuf an der
Stirne trugen, keine andere Gegenwirkung ent-
gegensetzte, als die wohlthätigen Resultate rich-
tigerer Grundsätze, und die unwandelbare Aufmerksamkeit auf jede Aussicht zum Gedeihen des
Landes, und auf jeden gereiften begründeten
Rathschlag zu solchen Zwecken, er komme her, von
wannen er wolle: — aus solchen Beweisgrün-
den zieht nun der Verfasser die vollwichtige

Schlußfolge, daß die Dänische Regierung gewiß den Werth der Publicität nach Würde anerkannt habe, und der steigende Flor der Dänischen Staaten verstärkt jedes Jahr die Gewährleistung für die Wahrheit solcher anerkannten Grundsätze. Und in der That hätte auch wohl eine Regierung die sich eines festen planmäßigen Ganges ihrer Verwaltung bewußt ist, die „jeden Fond „unwandelbar zu dem Zwecke verwendet, wozu „er bestimmt ist, die nicht durch Auflagen, nicht „durch auswärtige beträchtliche Anleihen, eine „vortheilhaftere Balanz der öffentlichen Kasse „bewirken will, sondern durch Ersparungen und „genauere Oekonomie auf der einen Seite, und „Vermehrung der Produktion und Unterstützung „der Industrie auf der andern Seite; die so „zugleich den reinen Belang der Einkünfte „erhöht, und den Wohlstand der Unterthanen „vermehret, alle auch noch so verjährte unnöthige „Fesseln dem Erwerb abnimmt, was man nicht „ganz heben kann, zu mindern sucht, die ver= „schiedenen Arten von Auflagen auf das genaueste „untersucht, einige durchaus schädliche ganz auf-

„hebt, andere, welche beschwerend scheinen, mildert,

„allenthalben Sorge trägt, dem sogenannten

„gemeinen Mann der Lasten so wenig, als möglich,

„aufzulegen, wo ausserordentliche Bedürfnisse des

„Staates eine Hilfsquelle erfoderten, nur den

„Begüterten im Verhältnisse seines Vermögens

„zu belasten, den Aermern zu schonen, und solche

„Quellen der Staatseinkünfte, die man gern

„verstopfen mögte, aber bis jetzt noch nicht völlig

„entbehren zu können glaubt, dennoch einzu-

„schränken bemüht ist; der allgemeinen Indu-

„strie durch Unterstützung und Verbesserungen

„einige Quellen neu eröffnet, andere erweitert,

„und Mißbräuche überall unmöglich zu machen

„sucht; eine Regierung, die die Finanzverwal-

„tung mit solcher Gewissenhaftigkeit führt, daß

„selbst eine Kontrolle durch Personen, die nicht

„unmittelbar im Dienste des Staates stehen, der

„Sicherheit des Publikums nichts hinzuzufügen

„vermögte; die es sich zur Angelegenheit macht,

„das Publikum mit dem Gange und der Einrich-

„tung dieser ganzen Verwaltung durch unter-

„richtete Männer, die aus den Quellen schöpfen

„konnten, vertraut zu machen, die keine gehei-
„men Kassen kennt, von keinen Ausgaben weiß,
. „die nicht der allgemeinen Kontrolle unterworfen
„wären, selbst die zu ausserordentlichen Unter-
„stützungen bestimmten Gelder nicht ausgenom-
„men, und bei welcher die zur alleinigen Dis-
„position des Königs und des Kronprinzen be-
„stimmten Chatoullgelder bekanntlich keine ir-
„gend beträchtliche Summe ausmachen": —— —
Eine solche Regierung hätte in der That nie von-
nöthen, die Publicität zu scheuen, und zur
zweideutigen kümmerlichen Nothhilfe des Preß-
zwanges ihre Zuflucht zu nehmen. Sei es
auch, daß vorerst ein compte rendu in Neckers
Manier, weder wünschenswerth noch rathsam
wäre, weil trotz der prunkvollen Aussenseite, das
Innere am Ende so unwissend läßt als zuvor,
und leicht mehr Böses als Gutes dadurch gestiftet
werden könnte; so bleibt doch noch der weit zu-
verläßigere, einfachere Weeg übrig, dies Werk
dem Forscherfleiße des wissenschaftlichen Privat-
mannes zu überlassen, wo dann die Regierung,
statt unmittelbar zu wirken, sich leidend ver-

hält, und so auf einer Seite freiere Hände be-
hält, wie sie auf der andern wieder dem Na-
tionalzutrauen eine größere Grundlage bereitet.
Wir stimmen ganz dem Hrn. von Eggers bei,
und jeder wird ihm beistimmen, der Kenntniß
und Unbefangenheit in der Sache besitzt, wenn
er a. O. darüber sagt: „Eine gute Finanzverwal-
„tung braucht nie das Licht zu scheuen. Es
„müsse jedem Wissenschaftsmanne frei stehen,
„sich an der Quelle über Angaben zu belehren,
„von den er einen irgend nützlichen Gebrauch
„machen will. Er mag Resultate oder detail-
„lirte Nachrichten erhalten, sobald vom öffentli-
„chen Besten die Rede ist, nicht von Befriedi-
„gung einer kleinlichen Neugier, die das Privat-
„interesse angeht. — Durch eine solche Bereit-
„willigkeit erreicht die Regierung jeden wahren
„Vortheil der Publicität, die Kenntnisse werden
„dem mitgetheilt, der vorbereitet ist, und sie
„gemeinnützig machen will." Und, setzen wir
hinzu? wie viel leichter ist dies alles anzuwen-
den, und auszuführen in kleinern Staaten, wie
viel leichter in nicht souveränen, in deutschen

Reichsländern, wo so manche lästige Beziehung nach auswärtigen Verhältnissen durchaus weg= fällt, oder wegfallen sollte, wo vieles von oben gesagten Grundsätzen schon im Geiste der Ver= fassung liegt, und man die ganze Kraft und Thätigkeit der Staatsverwaltung auf das Ge= deihen des inneren Zustandes verwenden könnte?

C.

Noch ein gewaltiges Crimen haben die Splitterrichter aufgespüret, in den paar Worten über das bisherige Verhältniß Oesterreichs, als deutscher Kaiser zum Nutzen und Frommen des Reiches. — Hm! wie mags doch zugehen, daß in dieser Schrift so alles nach Neuheit wittert? Liegts im Leser, oder im Gelesenen? Was darin von jenem Verhältniße vorkommt, ist so wenig bloses Glaubensbekänntniß, daß vielmehr die augenspringendsten Thatsachen sich jedem darüber aufdringen. Eine historische Bemerkung schmiegt sich nicht in die Formen einer diplomatischen Note, und nennt die Dinge bey ihrem Namen. Von Hypolithus a Lapide an bis auf Moser, und von

diesem wieder bis z. B. auf Häberlin und Leist,
u. a. herab, der ungenannten Kämpfer nicht ein=
mal zu gedenken, steht ein ehrwürdiger Phalanx,
dem die deutschen Fürsten die Erhaltung manches
ihrer kostbarsten Rechte verdanken, wovon jene paar
Worte nur ein sehr gedämpfter Wiederhall sind.
Und fände sich denn auch, daß es nicht in omni-
bus ut Oesterreich sey, so wären wir allenfalls
der Meynung, daß man eben kein Cäsarianer zu
heißen brauche, um doch ein treuer Reichsbürger,
ein warmer Landesfreund zu seyn.

Wäre es aber jemand wirklich um weitere
Abwendung eines Vorwurfes zu thun, so mag
er folgende Instanzen sich zu Gemüthe führen:

I.

In den Briefen eines Abgeordneten bei dem
Kongreße in Rastatt von 1798. in der ersten
Fortsetzung S. 17. und folg. ist eine Denkschrift
im Auszuge mitgetheilt, welche der zweybrükische
Abgeordnete der französischen Gesandtschaft, gegen die Absichten und das Interesse Oesterreichs
in Betreff Bayerns, zugestellt haben soll. Es
wird darin mit den imponirendsten Gründen zu

zeigen gesucht, welche unberechenbare Vortheile
Oesterreich durch die Besitznahme auch nur eines
kleinen Striches von Baiern, bis an die Inn,
erhalten würde; wie bedeutend dadurch sein
Einfluß auf das ganze südliche Deutschland,
und seine überwiegende Stärke im mittäglichen
Europa vergrössert werden müße. Es wird dem
Fränkischen Gubernement an das Herz gelegt,
daß, wenn Oesterreich solche Vortheile erhalte,
„das Blut der Franken folglich nur darum geflos-
„sen sey, um den Koloß der Oesterreichischen
„Macht im mittäglichen Europa zu befestigen.“
Es wird dabey als bekannt angenommen, daß
Oesterreich habsüchtige Plane gegen Baiern von
jeher hege, und durchaus Frankreich darauf aufmerksam zu machen gesucht, wie nachtheilig
insonderheit dieser, und überhaupt jeder Zuwachs
an militärischer und politischer Stärke jener
Monarchie, für die Ruhe Deutschlands und die
Sicherheit Frankreichs werden müße. Ich über-
lasse dem Leser das Vergnügen, die Noten dazu
zu machen. — Quod Phoebum decuit, quem
non decet?

2.

Und wäre denn das so gar nicht zur Sache, wenn man ein wenig an die Streng= schwerdtischen Rodomontaden erinnerte? Die Be= hauptungen und Vorschläge des verkappten Grafen, der an der niedergebeugten, hilfelosen Pfalz gern zum Ritter werden wollte, greifen die deutsche Reichskonstitution in ihren heiligsten Grundsätzen an, sie enthalten einen Aufruf zur Niedertretung aller bestehenden Rechte und Verbindlichkeiten des deutschen Staatskörpers, und laute Invektiven gegen die Pfälzische Militär= und Civilverwaltung. Man war ziemlich ausser Gefahr zu irren, wenn man sich sagte, daß der Verfasser sub umbra alarum der Oesterreichischen Armee folge, und doch machte damals Pfälzischer Seits Niemand Miene, die Erscheinung in einen höheren Kreis zu ziehen, als sie sich selbst verschaffen konnte. Man setzte den Worten nur Beweise in Thatsachen ent= gegen, und überließ das Gericht über die Schrift den deutschen Publicisten, und die Exekution den Würzkrämern. Verdient die Schrift: Ueber die

Lage Mannheims ꝛc. ꝛc. eine gleiche Bestimmung, so wird sie ihrem Schicksale nicht entgehen.

3.

Der Verfasser kann es sich hier nicht versagen, eine Authorität anzuführen, die in mehr als einer Rücksicht ein sehr hohes Interesse haben muß. Es ist eine Stelle aus den franzßfisch-Amerikanischen Aktenstücken der jüngsten Unterhandlung beider Staaten vom Jahre 1797. auf 1798. Ewig merkwürdig werden diese auf Verordnung der Amerikanischen Regierung selbst, bekannt gemachten Amtsberichte ihrer Gesandten bleiben: sowohl um der darin geäufferten rühmlichen Grundsätze willen, als auch, weil sie eine Regierung, die die halbe Welt vor ihrem Unwillen zittern machte, hier und da in einer Blöße und Kleinheit den Augen der Nationen darstellten, wie es nichts mehr thun konnte. So groß auch der Fünfmänner Allgewalt seyn mag, so konnte sie es doch noch nicht dahin bringen, Thatsachen ungelesen zu machen, wie sie eine Regierung selbst ihrem Volke zur Rechtfertigung wichtiger

Maaßregeln vorlegen zu müſſen glaubte. Im
Laufe der dieſem Schritte vorgängigen Unter=
handlungen, hatte ſich die franzöſiſche Regierung
darüber beſchweret, daß mehrere gegen ſie gerichtete
Schriften in den vereinigten Staaten erſchienen
ſeyen. Die Miniſter der Amerikaniſchen Staaten
gaben hierüber folgende Erklärung, nach der
Ueberſetzung in der Minerva September 1798
S. 463 u. folg.

„Der Genius der Konſtitution, und die
„Meinungen des Volkes der vereinigten
„Staaten können von denen, welche die
„Regierung verwalten, nicht beherrſchet
„werden. Unter den in Amerika als gehei=
„ligt angeſehenen Grundſätzen, unter den
„geheiligten Rechten, die ſie für das Voll-
„werk ihrer Freyheit halten, welche die
„Regierung mit tiefer Ehrfurcht betrachtet,
„und der ſie ſich nur mit der behutſamſten
„Vorſicht nähern würde, giebt es keines,
„welches das Publikum für ſo wichtig hält,
„als die Preßfreyheit. Daß dieſe Freyheit

„oft zu weit getrieben wird, daß sie zuwei-
„len in Frechheit ausartet (NB. es ist hier
von Verläumdungen und Invektiven, von
Pasquillen die Rede) „sieht und beklagt
„man; aber ein Mittel dagegen hat man
„noch nicht entdeckt. Vielleicht ist sie ein
„Uebel, das sich von dem Guten, mit dem
„es verbunden ist, nicht trennen läßt;
„vielleicht ist sie eine Sprosse, die von dem
„Stiele nicht abgerissen werden kann, ohne
„die Pflanze tödtlich zu verwunden. So
„wünschenswerth die Maaßregeln seyn
„mögen, welche die Presse verbessern, ohne
„sie zu unterjochen, so ist man in Amerika
„doch nie darauf verfallen. — Sie müßen
„gestehen," (sagen die Abgesandten dem
Französischen Minister der auswärtigen
Angelegenheiten) „wie sehr die vereinig-
„ten Staaten zu der nämlichen Klage be-
„rechtiget wären; sie müßen sehr gut wis-
„sen, welche herabsetzende und unwürdige
„Verläumdungen gegen die Regierung der
„vereinigten Staaten, deren Grundsätze

„und Beamten, von Französischen Journa-
„listen und in Französischen Pamphlets
„öffentlich bekannt gemacht worden sind,
„(memento Strengschwerdt). Man hat
„diese Regierung sogar beschuldiget, daß sie
„das höchste Interesse der Nation verrathe,
„daß sie sich der Leitung eines fremden
„Hofes unterworfen, ja noch mehr, daß
„sie sich an ihn verkauft habe. Diese Ver-
„läumdungen wurden aber, so abscheulich sie
„auch waren, nie zu einem Gegenstande
„von Beschwerden gegen Frankreich gemacht
„2c. 2c.“ — —

Könnte nicht mit Aenderung der Namen dasselbe
beynahe, im eintretenden Falle, von Seiten
Pfalz gesagt werden?

Doch zurück zum einheimischen Verhältnisse,
um da noch einem Vorwurfe zu begegnen.

D.

Man hat wohl gar in allem Ernste hie und
da gesagt, die ganze Schrift sey bloß in der Absicht

geschrieben, um Mannheim recht herauszustrei-
chen. — Das ist doch in der That etwas arg!
Wer unter diesem zufälligen Gewande, die herr-
schende Hauptfigur nicht erkennen kann, oder
will, wer hinter dem auf den ersten Blick freilich
ganz lokal scheinenden Interesse, eine umfassendere,
uneigennützigere Idee nicht hervorlodern sieht, so
wie sie wenigstens nach dem Streben des Verfassers, so viel es die einmal gegebene Form
zuließ, jeden einzelnen Zug beleben sollte, wer
den Kern wegwirft, weil ihm die Schale nicht
behagt, — dem habe ich weiter nichts zu sagen.

Es ist begreiflich, daß die Landeshauptstadt,
welche die zu erörternde Frage zu allernächst
anging, stets im Vordergrunde des Gemäldes
ihre Stelle behalten mußte, daß jede günstige
Ansicht, welche dem Gegenstande in Eintracht
mit der Wahrheit sich abgewinnen ließ, her-
aus gehoben werden durfte. Allein, wer
wird den Beweis führen, daß hier das Interesse der Hauptstadt mit dem der übrigen
Städte und des Landes im Widerspruche stehe?
So lange darüber der Beweis nicht geführt wird,

darf man nur mit zu gutem Grunde sich an die
Vermuthung halten, daß obige Beschuldigung
mehr oder minder lediglich aus jenem Geiste der
Isolirung, der wechselseitigen Mißgunst, und
des kleinlichen Interesse entsprungen sey, den
schon unsere Schrift in der 9ten Nummer S. 64
als den Widersager des Pfälzischen National-
gedeihens bezeichnet hat.

———————

Wenn es endlich aber Menschen giebt, die
in jedem, der nicht Fünfe gerade nennt, einen
unruhigen Kopf, in jedem, der nicht mit einem
Köhlerglauben an die Unfehlbarkeit und Unüber-
trefflichkeit der Subjekte glaubt, denen die Macht
verliehen ist, zu binden und zu lösen, sondern nach
den Bestimmungsgründen und Endzwecken jeder
geschehenen Handlung selbstständig forscht, einen
gefährlichen Menschen erblicken: wenn alles, was
nicht in die breiten Fußstapfen des gewohnten Weid-
ganges eintrit, für Neuerungsfucht, Freymüthig-

keit für Tadelsucht, und jeder Versuch, die An-
näherungspunkte zwischen dem befehlenden und
gehorchenden Theile, die Einsicht in einer gemein-
wichtigen Angelegenheit durch die erregte Kon-
kurrenz denkender Köpfe, und den Ideenumlauf
einer minder selbstsüchtigen, vielseitigern, thäti-
gern Theilnahme an den öffentlichen Angelegenheiten des Staates, auf dem einzig möglichen
Wege der Publicität zu erhöhen und zu vermeh-
ren, für ein frevelndes Attentat gilt —: dann,
aber auch nur dann, gesteht der Verfasser, in
jener Schrift etwas höchst Zweckwidriges, etwas
Verdammenswerthes geliefert zu haben. Aber er
wird sich einem solchen Urtheile nicht zu unter-
werfen wissen, so lange sein Bewußtseyn sich an
der unvertilgbaren Ueberzeugung stählt, daß weder
die Grundsätze der Moral, noch die Maximen
einer gesunden Politik, noch die Grundsätze des
allgemeinen Staatsrechtes, noch des besondern
deutschen Staatsrechtes, noch die speciellen Gesetze der Pfalz, oder die bisher in der Ausübung
dort aufzufindende Analogie, einem solchen Aus-
spruche zur Grundlage dienen können.

In der That haben frühere Ereigniffe von ähnlicher Natur, eine ganz andere Meynung über Publicität angetroffen, als man diefer Schrift jetzt prophezeihen wollten. Von jeher hat man das Religionswefen in der Pfalz als den verwickeltften und kitzlichften Verfaffungspunkt angefehen, über den man mit mehr Eiferfucht, als über einen wachte; und doch find in den beyden letzten Jahrzehnden mehrere Schriften über die Religionsbefchwerden der Reformirten erfchienen, welche die Nichterfül-lung von Verträgen, und Reichsgefetzmäßigen Verordnungen, die Kränkung wohlerworbener Rechte zum Gegenftande haben, und ihre Gründe mit authentifchen Aktenftücken, mit detaillirten Belegen und Berechnungen zu unterftützen fuchen. *) Das Gleiche gefchah für das Herzog-

---

*) Vorzüglich, z. B. Die neuefte Religions-Ver-faffung, und Religions-Streitigkeiten der Re-formirten in der Unterpfalz, aus authentifchen Quellen. Leipzig 1780. 8vo, und Memoriale der gefammten Evangelifch-reformirten Geift-lichkeit in der untern Pfalz vom 30.Okt. 1784. ꝛc.

thum Sulzbach) in den Jahren 1794 und 1797. *)
Endlich, als merkwürdiges Ereigniß in der Geschichte des Tages, haben ja die Baierschen Prä-
laten am 11ten November 1797 eine Denkschrift
übergeben, worin sie gegen die, erst geargwohnte,
Säkularisation Einspruch thun, und ihre Rechte
als deutsche Landstände in Anregung bringen.

Warum sollte man für verwandte Gegenstände nicht die korrespondirenden Gesichtspunkte
wieder finden? Warum sollte der Pfalz für ihr
leibliches Wohl untersagt seyn, was man für
ihr geistliches ihr nicht entziehen zu können
glaubte, und was in den Brüder Staaten eine
bei weitem auffallendere widrige Gestalt an-
nimmt? Landständische Rechte haben zwar freilich die Pfälzer nicht aufzuweisen, aber das

*) Assekurirter Evangelischer Religions-Zustand im
Herzogthume Sulzbach 1794. Eine andere Schrift
unter gleichem Titel 1797. Endlich, Aktenmäßige
Geschichte des Cöllnischen Vergleiches, und des
darauf eingeführten Simultaneums im Herzogthume Sulzbach 1797.

Recht der Rede als freie deutsche Männer, wo
die Sprache ihrer Ueberzeugung, den Reichs=und
Territorialgesetzen nicht zuwider, aus warmer
Vaterlandsliebe quillt, das Recht der Untertha=
nen zum Regenten, der Söhne zum Vater, um
ihre Wünsche, ihre Bedürfnisse, und den Drang
ihrer Verhältnisse so unverhüllt an sein Vater=
herz zu legen, als sie etwa durch ein anderes,
Intermediär=Organ nicht so dahin hätten gelan=
gen können. Söhne, sage ich, nicht Kinder;
denn Gründe und Beweise sollen die Entschei=
dung leiten, nicht die Willkühr der Rührung.

Wenn eine Schrift, welche blos eine kleine
Summe von im Großen bereits kundbaren, vol=
lendeten Thatsachen der öffentlichen Verwaltung,
über eine noch dazu ephemere innere Angelegen=
heit, in dem Gewande nüchterner Prüfung und
Erforschung, der größeren Publicität um einer
ausserordentlichen Veranlassung willen übergiebt:
wenn eine solche Schrift schon das Anathema
gegen sich aussprechen hört, wie soll es erst jenen
Wissenschaften ergehen, deren ganze Quelle und
Grundlage blos allein in der Publicität der

Staatsschriften zu finden ist? Würde die Wahrheit eines verbietenden Gesetzes wider eine solche
Publicität, nach dem Maaßstabe seiner möglichen
Allgemeingiltigkeit, bewährt gefunden, so müste
eine totale Stockung und der endliche Zerfall
dieser Wissenschaften davon die Folge seyn. Und
doch war die Pfalz seit lange einer ganz andern
Denk= und Handelsweise dafür gewohnt geworden:
gewohnt geworden selbst für Gegenstände, welchen
die Volksmeinung theils noch mehr das Geheim=
niß zur wesentlichen Natur machte, oder die mit
Recht einer engern Obhut der obersten Aufsicht
unterworfen bleiben — die Archiv Schriften.
Man war auf den Punkt gekommen, wie ihn der
Freiherr von Knigge in seiner verdienstvollen
Schrift über Schriftsteller und Schriftstellerei
als Merkmal der Aufklärung schildert. S. 272.
„Die Bemühungen unserer neuern Geschichtschrei=
„ber werden durch Regierungen, die nach auf=
„geklärten Grundsätzen handeln, unterstützt. Man
„betrachtet nicht mehr die Archive wie eine Nie=
„derlage von Geheimnissen, man gestattet dem
„Schriftsteller ein bescheidenes, aber freies Ur=

„theil über öffentliche Schritte und Anstalten,
„welche Einfluß auf die Bildung des Menschen
„haben können, und bahnt dadurch Männern,
„auf welchen ein Geist wie auf Schlözer, Achen-
„wall, Spittler, Büsching, Schiller, Schmidt,
„Toze, Normann, Krause, Herzberg, Ar-
„chenholz, dem Schweizer Müller, Schröd,
„Schulz von Ascherade, und andern *) ruht, den
„Weg, nicht nur in den ältern Urkunden aufzu-
„räumen, sondern auch mit Freimüthigkeit die
„Geschichte ihres Zeitalters für die Nachkom-
„men schon in die Hände der jetzigen Gene-
„ration zu legen.“

Unter den Flügeln eines solchen Geistes, entstanden schon ehemal Arbeiteen, wie sie ein Fre-
her, Tollner, Paraeus, Struv, Lünig,
ein Kraemer und Crollius und Wund u. a. m.
für die Pfalz geliefert haben. So entstanden

---

*) Gewiß noch vielen trefflichen Männern, wie
   z. B. die Möser, Wenk, Engel, Sontheim,
   von Salem, Audlof, Wund, der deutschen
   Geschichte waren, und noch sind.

schon privat Sammlungen Landesherrlicher Ver=
ordnungen, und einzelne wurden bei Gelegenheit
in Schriften benutzt. Ob nun solche günstig oder
ungünstig, willkommen, oder nicht willkommen
im besondern Falle sind, das kann doch wohl
nicht in dem formalen Begriffe der Rechtlichkeit
eine Modifikation hervorbringen? Und sind auch
gleich die Staatsmänner überhaupt gegen die
Gelehrten jetzt einmal etwas mißtrauisch gewor=
den, wie Spittler in der Vorrede zum 2ten
Theile seiner Staatengeschichte meint, so dürfen
Gefühle doch nie in das Reich der Begriffe über=
greiffen. Mag jenes Mißtrauen einer künftigen
Legislatur eine Klausel zuflüstern, so darf es doch
keine Rückwirkung in die Vergangenheit usurpiren.
Gegen den einzelnen Menschen giebt es nur ein
Recht, keine Politik; beide müssen Synonime
werden. Wenn das unveräusserliche Recht, seine
Meinung über Dinge, welche zu unserer Kenntniß
gelangen, zu sagen, dadurch in seiner Wirksamkeit
suspendirt werden soll, daß mehrere, daß viele
Menschen eine Meinung hegen, die jener wider=
spricht, oder wenn diese durch ein Machtwort die

Aeusserung jetzt hervor rufen, und jetzt zurück-
scheuchen können; so wird jenes Recht wohl nie
zur Ausübung kommen: denn, sagten jene amerikanischen Gesandten an dem angeführten Orte,
„es giebt Lagen, in welchen sich eine Menge Lei-
„denschaften vereinigt, die Stimme der Vernunft
„zum Schweigen zu bringen, und das gesundeste
„Urtheil zu täuschen." Gilt einmal jener Grundsatz der willkührlichen Ketzermacherei, so ist auch
der vernünftigen Preßfreiheit, eine unbedingt
tödtliche Wunde geschlagen. Alle segenvolle
Früchte der Publicität werden dann in sich ver-
welken, während nur ein paar taube Uebertünchte
vielleicht, die gewohnte bessere Nahrung vergessen
machen sollen, und so wird man sich eigenwillig
des mächtigsten Hebels, der stärksten Reaktion
gegen alles, was Geist der Zeit, und Drang der
Verhältnisse Beunruhigendes haben können, selbst
berauben, indem man den sichersten Weg zur
Gewinnung der öffentlichen Meinung unbetreten
läßt. Sagt schon Knigge a. O. S. 276. „übri-
„gens pflegen weise Regierungen wenigstens in
„ruhigen Zeiten, es gern zu sehen, daß über po-

„litiſche Gegenſtände, jedoch in einem beſcheidenen
„Tone geſchrieben werde; und das mit Recht"—
ſo glaube ich mit gutem Grunde hinzufügen zu
können: und auch bei ſtürmiſcheren Zeiten,
wenn die Veranlaſſung zum Schreiben gerade in
der Abwendung eines Uebels, herbei geführt durch
ſolche Zeiten, liegt, wenn es darauf ankömmt,
nicht ſpekulative Behauptungen zu erläutern, ſondern ein praktiſches Verhältniß des Vaterlandes
aufzuklären, das gerade in dieſem Augenblicke
entſcheidende Wirkung für die Zukunft nach ſich
zu ziehen droht, und wenn dies Beginnen mit
der vollkommenſten Unangetaſtetheit der beſtehen-
den Verfaſſung, mit Vermeidung jeder perſönli-
chen Rückſicht, mit der möglichſten Schonung
jedes herrſchenden Verhältniſſes, und beſonnener
Behutſamkeit in der Behandlung gemeinwichtiger
Angelegenheiten des Tages, durchzuführen ge-
ſtrebt worden iſt, wie dies von jener Schrift der
Verfaſſer gegen Männiglich zu beweiſen gemuthet
iſt. — Ganz an jenen Erfahrungsvollen Schriftſteller ſchließt er ſich an, wenn er weiter ſagt:
„Ueber alles, was bürgerliche Glückſeligkeit be-

„trifft, kann man nie genug räsoniren hören;
„keine Staatsverfaſſung iſt ohne Mängel, und
„durch das Organ der Schriftſteller gelangt zu=
„weilen auf die leichteſte Art, gerade wenn es
„noch Zeit iſt, die Stimme des Volkes zu den
„Ohren des Fürſten; es müſte denn ſeyn, daß
„dieſe von verrätheriſchen Leuten umgeben wären,
„die dergleichen Bücher den Augen ihrer Herrn
„vorſetzlich entzögen, oder ihnen nur ſolche Werke
„in die Hände ſpielten, die ihre Abſichten beför=
„derten. — Und, noch einmal! wer über Rechte
„und Pflichten der Bürger im Staate redet, der
„heuchle nicht! darf, oder will er nicht laut und
„freimüthig ſagen, was er darüber denkt, ſo
„ſchweige er gänzlich, das iſt der Klugheit und
„Rechtſchaffenheit gemäß.‘‘ — Man erlaube
mir noch mit einem vollgültigen Gewährsmanne
zu ſchließen, mit dem Urtheile des Staats=
miniſters von Herzberg über dieſen Zweig
der Publicität beſonders im Finanzweſen eines
Staates. „Jede gute Regierung, ſagt dieſer
„berühmte Staatsmann, auch die monarchi=
„ſche, kann niemal dabey verlieren, wohl aber

„viel gewinnen, wenn sie ihre Angelegenheiten
„mit einer klugen Publicität behandelt. Diese
„Geheimhaltung scheint nur denen nothwendig,
„die weder von der Richtigkeit, noch der Gerech=
„tigkeit ihrer Maaßregeln sicher sind; deßwegen
„die Publicität scheuen, und allenthalben Ge=
„heimnisse finden, wo an keine zu denken ist.
„Wenn dagegen ein Regent, dessen Absichten
„groß, erhaben, und nur auf das allgemeine Wohl
„gerichtet sind, von Zeit zu Zeit, so wie es die
„Umstände und schickliche Gelegenheit mit sich
„bringen, durch Deklarationen, Edikte, oder
„Reden und Berathschlagungen in dem Rathe,
„oder einer großen Versammlung der Nation,
„die Maaßregeln seiner innern oder auswärtigen
„Verwaltung mit ihren Gründen und ihrem
„Zwecke vorlegt: so wird dieß das schicklichste
„Mittel seyn, wodurch er sich das Vertrauen,
„und den nicht gleichgültigen Beyfall, sowohl
„seiner Unterthanen, als der benachbarten Natio=
„nen erwerben kann, die wenigstens in Europa
„in einer Art von Gesellschaft und allgemeinen
„Republik leben. Er wird dadurch beyde auf

„eine für ihn sehr nützliche Art von der Weisheit,
„Gerechtigkeit und wirksamen Kraft seiner Maaß-
„regeln überzeugen, und er wird sich dadurch
„gegen eigene Irrthümer und Täuschungen sichern,
„die nur zu leicht bey jedem Menschen sich finden,
„der Niemanden, als sich selbst von seinen Hand-
„lungen Rechenschaft ablegt. Er wird dadurch
„die wahren Geheimnisse des Staates nicht ver-
„rathen, deren Zahl allezeit sehr klein ist, und
„die ohne dieß dem Scharfsinne und der Wach-
„samkeit eines klugen Ministers des benachbar-
„ten Staates nicht lange entgehen können. ꝛc."
Ich müßte die ganze Stelle unterstreichen, wenn
ich das Merkwürdige dieser goldenen Worte bezeich-
nen wollte, die schon allein dem Redner eine unver-
gängliche Bürgerkrone errungen haben.

Im Geiste dieser Ueberzeugungen hat der
Verfasser die Feder ergriffen, beseelt von dem
erhebenden Gedanken, daß die Stunde der Rede
für Gemeinwohl geschlagen habe, und es gewährt
ihm das reinste Vergnügen, durch die Denk- und
Handelsweise der edlern Menschen aller Zeiten
und Völker seinen Entschluß gerechtfertigt zu sehen.

G 2

Weit entfernt, in seinem Innern den geringsten Vorwurf von Gesetzwidrigem, oder Unmoralischem in seiner Handlung zu fühlen, wächst seine Zuversicht durch das beruhigende Bewußtsein, nur das Gute gewollt, und das Gewollte gethan zu haben. Wer einen solchen Talisman auf der Brust trägt, der erschrickt nicht vor den Beschwörungen des Reiches der Finsterniß, nicht vor dem gewaltigen qu'en dira-t-on! noch vor den Mükkenstichen kleinstädtischer Myrmaden. Here j am, poor as j was! rief Sox, als er von jeder Ehrenstelle zurückgetreten war, um freymüthig für seiner Mitbürger Wohl reden zu können: und hier siehe ich, unbefangen, und frey von jeder egoistischen Nebenabsicht, fremd jeder Parthey, und mit keinem lebhafteren Wunsche, als für das segenvolle Gedeihen der guten Sache der Publicität. Habe ich unwahr geredet, so beweise es; habe ich aber wahr geredet, warum schlägst du mich?

Geschrieben am 27sten Januar
1799.

Patriotisches Codicill.

Mag es gegen die herkömmliche Schriftsteller-Etikette, und die strengere Form der Einkleidung verstosen, oder der Mißdeutung des geschäftigen Argwohnes einen Spielraum geben: der Verfasser kann es sich darum nicht versagen, einem gewissen innern Sinne der Billigkeit, und dem verstärkt auflodernden Drange der Vaterlandsliebe sich zu überlassen, die ihn auffodern, diese Blätter, welche so manchen Schattenzug nothgedrungen bemerkbar machen mußten, nicht ohne einen erheiternden Lichtstrahl zu lassen, den das rollende Fatum seitdem der Pfalz, freilich nur aus ihrem Innern, zusendete. Der im Vorberichte gegebene Wink, und der dem Schluffe

H

beygeſezte Zeitpunkt, geben, hoffentlich, unzwei=
deutig genug die Gränze an, von wo aus man
den Maaßſtab für die Wahrheit, den Werth, und
die beziehungsweiſe Zweckmäſſigkeit der einge=
flochtenen Bemerkungen, ſo wie der ganzen
Schrift ſelbſt, anſchlagen muß. In der politi=
ſchen Welt, vorzüglich unſerer Tage, wird man
geſchwind alt; und wiederum wirken oft
Veränderungen, die eine Stunde herbeiführt,
dauernd auf Nationen und Jahrhunderte. Man=
ches von dem, was hier, in Beziehung auf vor=
herrſchende Meinung und Behandlungsweiſe des
befehlenden Perſonale, eine Stelle fand, war vor
dem 16ten Februar 1799 *) eine Stimme in
der Wüſte, ein nöthiges Stigma zum Unter=
ſcheiden. — Doch genug! Laſſet das, was nur
im Lichte der untergehenden Sonne lebte, in den

---

*) An dieſem Tage ſtarb Kurfürſt Karl Theodor.

Schatten der untergegangenen ruhen. Hinan den Blick zu dem neubelebenden Schauspiel der aufgehenden Sonne! denn wahrlich, ihre ersten Strahlen erwärmen und leuchten, segenvoll für das Grambeschattete Vaterland. Freude! wenn es mir gelänge, ihre wohlwollenden Ergüsse, im Spiegel der Erinnerung treu aufzufassen, aufdaß sich das Auge so manches guten Pfälzers, der die Freude nur noch in der Hoffnung kennt, daran weide. Und Fürst und Volk ist es werth, daß die Publicität ihren wohlthätigen Wirkungskreis in solch einer erheiternden Gestalt eröffne. Maximilian, der Biedere, ist es werth, daß sie unter Ihm in den vollen Besitz ihrer Rechte eintrete. dem Staate alles werde, was sie ihm werden kann, und zur Vergeltung jede schöne That, die Er vollbrachte, jede Frucht seines Strebens für Landeswohl, lauter verbreite, und dauernder aufbewahre, als es oft der blos

stille Genuß seines Volkes vermag. — Man
weiß, daß einige noch wenig kultivirte Völker=
schaften, die gewiß vielbedeutende Sitte haben,
dem, der ihr Führer und Herrscher.werden soll,
vorerst eine Reihe harter Prüfungen aufzulegen.
Was dort Sitte, that hier das Schikfal, und
unser Fürst hatte von seinem selbstständigeren
Eintritt in die Welt an, eine Reihe von Prü=
fungen und Widerwärtigkeiten zu erfahren, wie
sie sich nur selten um einen Fürstensohn zusam=
men drängen. In einem Zeitalter, wo es
unserer deutschen Fürsten Ehrgeiz war, so wenig
als möglich deutsch an sich zu lassen, und einem
unvollkommenen fremden. Muster, sich unvoll=
kommen nachzubilden, gelang es Ihm, unter
Verhältnissen und Umgebungen, die einem
solchen Sieg unendlich viele Hindernisse in
Weg legen mußten, eine schöne Deutsch=
heit unversehrt zu erhalten. Eine Erhaltung,

die bei minderem Glanze, das unverkennbare
Gepräge ihres Werthes trägt, und jedem
Herzen, das ihres Einflusses froh ward, das
Andenken einer zuversichtlichen Unbefangenheit
zurückließ. — Wahrlich, es ist keine bloße Tirade,
daß in der Schule des Mißgeschikes die Menschheit im Ganzen und im Einzelnen sich läutert
und reifer wird; und daß der von dem Un-
glücke seiner Brüder ganz anders sich ergriffen
fühlt, welcher es selbst sah, und mit ihnen
theilte, als wer es nur mittelbar von weitem
kennen lernte. Darum wachse euer Vertrauen,
Mitbürger! Unser Fürst lernte früh des Glü-
kes Wechsellaune, des Lebens Schattenseite,
näher kennen, er theilte mit euch die Be-
drängnisse eines stürmischen, gefahrvollen Zeit-
laufes, sah euere Noth, wie euere Treue und
Liebe, und bewies handelnd, wie warm sein
Herz für Linderung der ersten und Erwiede-

rung der lezten schläge. (Tret' auf, wer das
läugnet!) Gewiß wird er die Kraft, die sein
erhabener Stand im Staate Ihm verleiht, zu
ihrem Zwecke, das heißt zu euerem Heil, in
Thätigkeit sezen. Ein rühmliches Beginnen
begründet jede Hoffnung für die Folgezeit.
Schon hat Er für seines Volkes Wohl, eine
Männer Schaar um sich versammelt, die sich
der Zustimmung der Ueberzahl, und der Achtung der Edleren nicht minder rühmen können, als Seines Zutrauens. Schon sind die
Marksteine gelegt, wonach ein nicht von Ge-
stern entworfener Plan allmählig zum fest
verbundenen hehren Bau sich verwirklichen soll.
Schon sind Hindernisse und Lähmungen der
Triebfedern der Staatsorganisation beseitigt.
Weise Mässigung leitet das fortschreitende Aus-
bilden der Umwandlung, begleitet von Grund-
säzen der Sparsamkeit nicht minder als der

Billigkeit. Man ändert nicht um zu ändern,
sondern wo es Noth thut. Grundsäze wie
die: daß keiner dem Staate seine Kräfte
widmen solle, der nicht dafür verhältnißmäſſig
entschädigt würde, und, daß unwandelbare,
allgiltige Gerechtigkeit der oberste Bestim=
mungsgrund des Gebens und Empfangens
werden müſſe, sichern die häusliche wie die
öffentliche Zufriedenheit. — Gott erhalte nun
bei Maximilian den josephinischen Sinn, wie
ich es zum Andenken eines ihrer größten ge=
krönten Gönners nennen mögte, für Popula=
rität, durch die jeder Fürst eine Art von Allge=
genwart erhält, und Vertrauen auf die gute
Sache der Publicität, wie sie sich etwa in
Preussens, und Dänemarks Monarchien be=
währt hat! dann besizt Fürst und Vaterland
zwei allgewaltige Schuzgeister, deren starke
Fittige sowohl den Schlummer der alten Zeit,

als den Rausch der neuen Zeit gleich heilsam
verwehen werden.— Dann rufen wir jedem,
dessen verblendetes Auge, nur jenseits des
Rheines das Land der Verheissung und des
Staatenglückes Bedingung ohne welche nicht
zu sehen wähnt, mit dem Römer Claudian,
und zwar vielleicht in wärmerer Ueberzeugung
und glaubwürdigerer Unbefangenheit als der,
die schönen Worte zu:

Fallitur egregio quisquis sub principe credit
Servitium, nunquam libertas gratior extat,
Quam sub Rege pio —

Claudian.

Verbesserungen in dieser Schrift.

Seite 55 Zeile 5 noch während ließ während noch
  — 65 — 13 Kunst, kein Komma
  — 69 — 13 Summen ließ Summe
  — 69 — 18 Cant ließ Cent
  — 70 — 19 letztere ließ sie
  — 75 — 11 ber ließ der
  — 77 — 21 hinzu? ließ hinzu:

Verbesserungen

in der Schrift:
Die Lage von Mannheim und der Pfalz 2c.

Seite 31 Zeile 20 für Juni ließ Juli
— 36 — 8 — Ttransplantation ließ Trans=
                            plantation
— 39 — 9 — Eingebungen, im Publikum.
            — l. Eingebungen im Publikum
— 43 — 21 — Lebensfäfte ließ Lebensfäfte
— 49 — 9 — drüten ließ brüten
— 63 — 3 — 5'954/3397 ließ 5'954/397.
— 73 — 4 einmal und auszulaffen.